ANATOMIA DA DIFERENÇA

Normalidade, deficiência e outras invenções

RAY PEREIRA

ANATOMIA DA DIFERENÇA
Normalidade, deficiência e outras invenções

Casa do Psicólogo®

Agradecimentos

Anatomia da diferença surgiu de uma conversa...

Algumas idéias, muitos questionamentos,
formulações teóricas e, enfim,
aplicações práticas e úteis
para o conhecimento humano e para a vida
se transformaram em livro.

Entre a conversa inicial e o livro
há um longo percurso,
enriquecido pela sensibilidade
e competência de duas pessoas:

Luis David Castiel (Ensp/Fiocruz) e
Maria Helena C. de Almeida Cardoso (IFF/Fiocruz).

A vocês, minha sincera gratidão.

Ray Pereira

© 2008 CasaPsi Livraria, Editora e Gráfica Ltda.
É proibida a reprodução total ou parcial desta publicação, para qualquer finalidade, sem autorização por escrito dos editores.

1ª Edição
2008

Editores
Ingo Bernd Güntert e Christiane Gradvohl Colas

Assistente Editorial
Aparecida Ferraz da Silva

Editoração Eletrônica
Sérgio Antônio Gzeschnick

Produção Gráfica
Ana Karina Rodrigues Caetano

Capa
Laise Alves

Preparação de originais
José Luiz Campos Salles

Revisão
Flavia Okumura Bortolon

Dados Internacionais de Catalogação na Publicação (CIP)
(Câmara Brasileira do Livro, SP, Brasil)

Pereira, Ray
   Anatomia da diferença: normalidade, deficiência e outras invenções / Ray Pereira . — São Paulo: Casa do Psicólogo, 2008.

   Bibliografia.
   ISBN 978-85-7396-598-8

   1.Auto-estima 2.Deficientes - Aspectos sociais 3.Deficientes físicos - Reabilitação 4.Diferenças individuais 5.Psicologia existencial I. Título.

08-08894   CDD - 150.192

Índices para catálogo sistemático:
1. Deficientes físicos: Psicologia existencial   150.192

Impresso no Brasil
Printed in Brazil

Reservados todos os direitos de publicação em língua portuguesa à

CasaPsi Livraria, Editora e Gráfica Ltda.
Rua Santo Antonio, 1010 Jardim México 13253-400 Itatiba/SP Brasil
Tel.: (11) 45246997 Site: www.casadopsicologo.com.br

Sumário

Apresentação 9

Introdução 13

1. A deficiência nas narrativas do tempo 17

2. Lúbricos conceitos 37

3. Entre perspectivas e recortes 55

       A perspectiva religiosa 56

       A perspectiva médica 64

       A perspectiva sociocultural 74

4. Nuanças da diferença: As deficiências e o gênero "pós-humano" .. 87

       Diversidade funcional e identidade 87

       Deficiência: Quanta diferença! 103

       A deficiência como ícone da diferença 111

       Deficiência e tecnologia de ponta: a dimensão
       high-tech da diferença 115

       Monstros: metáforas, artefatos e realidade 126

5. Cotidiano e deficiência: variações empíricas 133

       Experimentando lúbricos conceitos 133

       Perspectivas e recortes da vida cotidiana 138

       Outras nuanças... A mesma diferença 151

       Diversidade funcional: quanta diferença! 154

       Metáforas e realidade 155

       A dimensão *high-tech* da diferença funcional 157

Bibliografia 163

Apresentação

Cristina Feijó e
Olavo Feijó[1]

O livro *Anatomia da diferença: normalidade, deficiência e outras invenções* é resultado da tese de doutorado do seu autor, Ray Pereira, pela Escola Nacional de Saúde Pública – Ensp/FIOCRUZ. Ray também é psicólogo de formação e psicoterapeuta atuante na cidade do Rio de Janeiro. Seu preparo acadêmico inclui ainda uma formação em teologia e um mestrado em psicologia social. Mas a apresentação do autor e de sua obra vai além da enumeração de seus títulos e o resumo dos seus capítulos; é uma tentativa de transparecer ao leitor algumas características da sua pessoa, da sua sensibilidade e humanidade, revelada nos seus escritos.

O tema do livro não se deu por acaso ou por uma imposição acadêmica. Aos vinte anos Ray tornou-se paraplégico (ou cadeirante, como preferem os próprios usuários de cadeira de rodas), em função de um acidente automobilístico. Este foi o seu ponto de renascimento e escolha da vida, como nos mostra em seu primeiro livro *Que diferença faz? Escolhas que marcam...* (Casa do Psicólogo, 2003). Recusou-se a se colocar no lugar de vítima, a encarar o acidente como tragédia e fez dele uma oportunidade

---

[1] Cristina Feijó é psicoterapeuta e hipnoterapeuta, especialista na Abordagem Centrada na Pessoa. Mestre e doutora em saúde pública (ENSP/FIOCRUZ).

Olavo Feijó é professor universitário, pedagogo, mestre em educação religiosa, doutor em educação (Texas, EUA), pós-doutor em psicologia do esporte (University of Maryland).

de redescoberta, de transformação e superação. Pelo seu exemplo, compreendemos que podemos tornar um acontecimento ou situação de vida algo mortificante, ou podemos fazer dele um ponto de aprendizado e de crescimento. Nesse caminhar, descobriu o saber milenar da astrologia e tornou-se um estudioso do assunto, ampliando assim sua compreensão acerca da criação, do humano e da realidade individual de cada um.

Criado em lar evangélico, Ray valoriza a experiência espiritual e sua importância para entender a vida em sua plenitude. Casado com uma pedagoga envolvida com a educação de surdos e intérprete da Língua Brasileira de Sinais (LIBRAS), compartilha com ela o 'ministério' de suplantar a idéia da deficiência e da diferença, tão impregnada na nossa cultura e pensamento.

E é disso que trata o livro, mostrando-nos que cada um de nós é **diferente funcionalmente**, de acordo com nossas deficiências pessoais, em distintos momentos da vida. Ao divulgar o conceito de **diferença funcional**, o autor nos brindou com uma postura pessoalmente dinâmica e socialmente integrativa. Discutindo a funcionalidade dos diferentes, Ray aponta, na realidade, para a **fisiologia da diferença**.

Ver a questão sob este ângulo nos remete para a metáfora paulina do 'corpo' – nele, cada órgão é diferente, mas nenhum deles é inferior. Para funcionar sistemicamente bem, o corpo depende, explicitamente, de todos os seus diferentes módulos. Na Bíblia, esta constitui a mais completa discussão da "diferença funcional".

As sociedades que mais se aproximaram da predominância dos semelhantes eventualmente enveredaram para a mesmice orgânica e institucional, enfraquecendo-se em virtude dos dogmatismos provocados pela endogenia. Não por acaso, as melhores universidades americanas e européias, ao selecionarem seus professores e pesquisadores preferem "gente de fora", principalmente quando fizeram mestrado em uma instituição e doutorado em outra. Após esta prática, através dos anos, essas universidades constataram que a saúde do conhecimento, do ensino, da pesquisa e da extensão universitária, reside na engrenagem dos diferentes, reside na exogenia.

O princípio da igualdade, encontrado em quase todas as declarações dos direitos humanos, muitas vezes tem sido abordado de forma ingênua ou simplista. Há pais, por exemplo, que se orgulham em dizer que educam muito bem os seus filhos, dando a todos o "mesmo tratamento, sem demonstrar preferência por nenhum". Ora, não existe nada mais injusto do que tratar diferentes como se fossem iguais. Aplicando-se aqui o princípio da diferença funcional a conclusão justa será dar um violão para o filho músico e uma boa prancha para a filha surfista.

Dizer que o outro é diferente é redundância. Afinal de contas, quem não é diferente? A simples observação do momento inicial da vida humana, em que os cromossomos do pai se combinam com os cromossomos da mãe, ensina que a probabilidade de acontecerem duas combinações cromossomáticas idênticas, a partir do mesmo casal, é praticamente nula, mesmo no caso de gêmeos. A idéia da unicidade de cada pessoa é até muito mais radical do que o conceito das diferenças individuais.

Acontece, porém, que todos esses arrazoados não comovem a sociedade. Os grupos sociais humanos têm medo da diferença e sempre se estruturam visando a homogeneizar seus membros individuais. A família, a escola, a igreja, a moda, a polícia: essas e muitas outras instituições caracterizam-se pelo comportamento sistemático de "normalizar" as pessoas. Neste contexto, a estatística desempenhou um papel de peso, quando construiu o conceito de "norma", na distribuição das populações. Ficou logo evidente, para os administradores políticos, que a maior parte da população se situa na norma e que atender principalmente aos "normais" podia significar um uso mais econômico dos recursos públicos. Dar ênfase às necessidades dos "anormais" aparentemente sai mais caro do que enquadrá-los com os gabaritos dos "normais".

Foram as empresas particulares que denunciaram o mito dos anormais. Ao descobrir os consumidores "diferenciados", concluíram que produzir e vender produtos sob medida é muito bom para os negócios. Os maiores especialistas em *marketing* estão ganhando dinheiro, ensinando os "normais" a introduzir os "anormais" no mercado comum do consumo.

Não estamos muito longe dos dias quando descobriremos a realidade multiforme das relações humanas. Pesquisas neste sentido já começaram. E o resultado de uma dessas pesquisas recebeu o título de *Anatomia da diferença: normalidade, deficiência e outras invenções.*

Introdução

Nas últimas décadas a deficiência tornou-se um tema de interesse para vários setores da sociedade. Tal interesse pode ser observado especialmente nas décadas que sucederam à II Guerra Mundial, quando milhares de combatentes voltaram dos campos de batalha com seus corpos mutilados, produzindo novas demandas nos campos da saúde pública, seguridade social e políticas públicas. Esse período coincide com um monumental avanço na medicina e um desenvolvimento tecnológico jamais visto antes, o que, aos poucos, contribuiu para a melhoria da saúde e da condição de vida das pessoas com deficiência.

O livro que você tem em mãos aborda questões relativamente novas no universo acadêmico. Os estudos acerca da deficiência (*disability studies*) têm agregado contribuições das ciências sociais, psicologia e medicina, sendo esta última a área que mais contribuições oferece, embora sejam majoritariamente de enfoque orgânico ou biológico. Na feitura do texto evitamos segmentar a deficiência a partir de sua forma ou grau de manifestação, para priorizar fundamentalmente a condição de **diferente, anormal ou desviante**, atribuída às pessoas com deficiência.

Na dimensão teórica, a deficiência é um tema tangenciado por várias áreas do conhecimento. Para abordar um assunto tão amplo, examinamos criticamente a produção de conhecimento sobre o tema, passando por alguns modelos teóricos que se propõem a explicar a construção social da deficiência, alcançando, finalmente, uma dimensão que tem sido muito pouco explorada: a experiência e o sentido da deficiência.

A deficiência foi objeto de preocupação – ou de desconforto – desde a mais remota Antigüidade, seja no âmbito familiar, social, religioso, médico ou político. Com o avanço da medicina, a deficiência começou a ser formalmente estudada e, posteriormente, outras áreas do conhecimento também se ocuparam dela, aumentando significativamente a produção de conhecimento sobre o tema. Especialmente nas últimas décadas, o enfoque dos estudos acerca da deficiência tem mudado. Nesse mesmo período, ocorreu, em vários países, a estruturação de movimentos sociais, articulados por pessoas com deficiência, cuja meta primordial consistia em produzir mudanças nos modos discriminatórios de encará-la. Iniciou-se, desde então, um longo processo de inclusão social, com destaque para a participação direta de pessoas com deficiência em todas as etapas do processo.

Na atualidade, pode-se dizer que a condição de vida das pessoas com deficiência melhorou consideravelmente, se – e apenas se – comparada a um quadro histórico mais amplo. Da eliminação sumária, na Antigüidade, passando pelas fogueiras da Inquisição, a pessoa com deficiência era considerada "indigna, impura e inferior", devendo, por isso, ser eliminada do convívio social. Os maus tratos e a efetiva eliminação ficaram no passado, mas seus principais agentes – o preconceito e a discriminação – permanecem discretamente ativos na vida cotidiana.

O primeiro capítulo, *A deficiência nas narrativas do tempo,* introduz a temática que permeia todo o livro; nesse primeiro capítulo são apresentados os modos como a deficiência foi percebida e tratada desde a Antigüidade até a época atual, considerando, em particular, aspectos da área de deficiência no Brasil.

A conceituação da deficiência é contemplada no segundo capítulo, *Lúbricos conceitos*. A terminologia e a conceituação compõem uma questão muito polêmica no campo de estudos da deficiência. Neste capítulo, essa questão é discutida criticamente, apresentando o desenvolvimento da terminologia e dos conceitos utilizados atualmente, sua aplicabilidade e a sua relação com a condição de vida das pessoas com deficiência.

O terceiro capítulo, *Entre perspectivas e recortes,* analisa diferentes perspectivas da deficiência, conforme propostas pelos chamados modelos explicativos, comuns na literatura dedicada ao assunto. O capítulo discute as concepções religiosa, médica e sociocultural, destacando sua influência no trato com a deficiência na atualidade.

No capítulo *Nuanças da diferença: as deficiências e o gênero 'pós-humano'*, a deficiência é discutida como um ícone da diferença. Questões como identidade, alteridade, diferença e normalidade são levantadas e analisadas criticamente, produzindo uma abordagem da deficiência na qual a diferença é o ponto crucial. O capítulo aborda também as expectativas quanto aos avanços da engenharia genética e da cibernética e a esperada correção de algumas limitações funcionais.

O último capítulo, *Cotidiano e deficiência: variações empíricas,* analisa algumas questões tratadas nos capítulos anteriores, a partir de uma perspectiva vivencial. A base para a discussão é o cotidiano da deficiência, uma dimensão raramente contemplada nas produções teóricas. Neste capítulo, a teoria e experiência vivencial são, algumas vezes, confrontadas, noutras vezes se complementam ou se distanciam, agregando ao texto elementos como o sentido da deficiência e os sentimentos próprios da experiência vivencial.

CAPÍTULO 1

A deficiência nas narrativas do tempo

A pessoa com deficiência sempre foi percebida, compreendida e tratada a partir de um conjunto de representações próprios da cultura ou da sociedade onde ela está inserida. O fundamento de tais representações é formado por padrões religiosos, familiares, sociais, econômicos e culturais que compõem os ideais de forma, aparência e funcionamento do nosso corpo. Cada cultura e cada época apresentam concepções próprias acerca da deficiência, englobando desde as crenças ou mitos que tentam explicar a causa e a razão de ser daquela condição, bem como as formas específicas de tratamento da questão, o que resulta num leque de procedimentos e atitudes, podendo variar desde a segregação social, eliminação sumária, divinização, acolhimento ou indiferença. Independentemente da concepção de deficiência, dos rituais ou da forma de tratamento, ou mesmo do *status* social da pessoa com deficiência em uma sociedade, a deficiência e tudo aquilo que se vincula a ela são partes integrantes daquela sociedade e daquela cultura, mesmo que nela a segregação ou a eliminação sejam práticas comuns.

Há relatos muito antigos a respeito da ocorrência de deficiências. As datas são geralmente obscuras, mas as culturas antigas podem ser identificadas com alguma facilidade. Entre os povos antigos, cuja característica básica era o nomadismo, os deslocamentos de grupos humanos eram determinados pelos ciclos da natureza, cujas condições escapavam completamente do controle do homem, podendo ser favoráveis hoje e desfavoráveis amanhã. Sendo a deficiência uma contingência humana, acredita-se que havia pessoas com deficiência mesmo nesse contexto primitivo de organização social. Devido à necessidade de constantes deslocamentos entre os grupos nômades, era fundamental que cada um pudesse cuidar de si e ainda colaborar com os demais. Aqueles que não se enquadravam no padrão social considerado "normal" – como as pessoas com deficiência! – tornavam-se um empecilho para o grupo que, sem qualquer constrangimento ou sentimento de culpa, abandonava os que não correspondiam aos critérios de independência e cooperação.[1]

Vários autores[2] mencionam a eliminação sumária de pessoas com deficiência na Antigüidade, especialmente na Grécia Antiga. As crianças que nasciam com alguma deformidade física eram consideradas subumanas e a eliminação era uma prática corriqueira.[3] O relato mais antigo e preciso acerca dessa prática é encontrado em *Política*, uma obra clássica de Aristóteles, em cujo texto podem-se ler várias recomendações do autor acerca do casamento e da educação dos filhos, sendo, segundo o autor, "dever do legislador garantir às crianças uma boa organização física". Aristóteles inclui ainda algumas características dos pais, tais como idade e aspectos físicos, bem como os cuidados durante a gestação, que poderiam favorecer a saúde dos filhos e, por extensão, da sociedade. Sobre os recém-nascidos, o autor afirma o seguinte: "com respeito a conhecer quais os filhos que devem

---

[1] Bianchetti, 1998, p. 28.

[2] Bianchetti, 1998; Cavalcante, 2002; Kirk e Kallagher, 1987; Pessotti, 1984; Silva e Dessen, 2001.

[3] Pessotti, 1984.

A DEFICIÊNCIA NAS NARRATIVAS DO TEMPO

ser abandonados ou educados, precisa existir uma lei que proíba nutrir toda criança disforme".[4]

Os gregos valorizavam a perfeição e a estética do corpo, assim como as habilidades físicas para a guerra, a ginástica, os jogos e a dança. Se ao nascer, uma criança não pudesse corresponder aos ideais atléticos e estéticos dos gregos, ela seria sumariamente eliminada.[5]

É também da Grécia antiga a origem do termo "estigma". Os gregos possuíam um vasto conhecimento sobre recursos visuais, o que levou aquele povo a criar o termo "estigma" para se referir "a sinais corporais com os quais se procurava evidenciar alguma coisa de extraordinário ou mau sobre o *status* moral de quem os apresentava".[6] Os *sinais* eram feitos no corpo utilizando-se instrumentos de corte ou aquecidos no fogo até ficar em brasa, e serviam para alertar a sociedade que aquele indivíduo marcado era um escravo, um criminoso ou um traidor, e deveria ser evitado por ser uma pessoa "*marcada*",[7] ou "*ritualmente poluída*"[8] A "*marca*", incluindo aí as condições físicas, indicavam que o contato com tais pessoas não apenas deveria ser evitado, mas poderia ser perigoso.[9]

A concepção de deficiência na Grécia Antiga distingue-se daquela observada no Egito e na Palestina. Entre os gregos, o corpo era fundamental pela importância dada à estética, aos ideais atléticos e às práticas belicistas, o que transforma qualquer deficiência numa condição humilhante, indesejável, cuja eliminação era necessária. Ao mesmo tempo em que na Grécia pessoas

---

[4]   Política, de Aristóteles, Livro IV, Cap. XIV, § 10, p. 148.

[5]   Bianchetti, 1998, p. 29.

[6]   Goffman, 1988, p. 11.

[7]   Goffman, 1988, p. 11.

[8]   Douglas, 1976.

[9]   Douglas, 1976, pp. 15 e 55.

com deficiência eram eliminadas, no Egito elas chegaram a ser divinizadas.[10] Na Palestina, por sua vez, a concepção de deficiência foi influenciada por aspectos místicos e religiosos. A presença de uma deficiência no corpo ganhou, na Palestina, uma conotação semelhante ao "estigma" na Grécia, por ser considerada uma "marca" imposta no corpo por alguma divindade, como punição por algum pecado. Essa última concepção influenciou fortemente o Ocidente desde a Antigüidade e mesmo na atualidade, embora de forma sutil, a pessoa com deficiência e aqueles que lhe são próximos, não raro ainda buscam explicações a partir de elementos religiosos ou sobrenaturais.

Ainda no início da Era Cristã, embora prevalecendo a relação entre pecado e deficiência, iniciativas de acolhimento começaram a substituir a eliminação sumária de pessoas com deficiência. Vários mosteiros e hospitais cristãos primitivos manifestaram certa preocupação com os cegos. Provavelmente o primeiro abrigo para cegos foi criado por São Basílio de Cesaréia, iniciativa que remonta ao século IV. Instalações semelhantes foram criadas no século V em diferentes locais como Síria, Jerusalém, França, Itália e Alemanha.[11] Diferentemente de outras pessoas com deficiência, os cegos, apesar de discriminados, tiveram um tratamento especial; tal favorecimento ocorria por questões místicas e também de ordem prática.

Sabe-se que os cegos possuíam funções relevantes, servindo como guias em deslocamentos na escuridão e como memorizadores e transmissores de tradições tribais e religiosas. Eles também foram reverenciados como adivinhos e profetas onde a cegueira era percebida como graça divina. Embora ocasionalmente a cegueira tenha sido considerada uma condição benigna, obtida por meio da graça divina, em outros contextos e com maior

---

[10] Cavalcante, 2002.

[11] Telford e Sawrey, 1977, p. 468.

freqüência ela foi encarada como uma punição por pecados cometidos pelo próprio cego, ou por seus pais, caracterizando a cegueira como um estigma sujeito a alguma forma de discriminação.[12]

Durante a Idade Média, as explicações religiosas e místicas da deficiência tornaram-se ainda mais contundentes e severas. Naqueles tempos a Igreja estava no auge de sua influência, impondo seus dogmas tanto pela persuasão quanto pela força bruta. A deficiência mantinha o seu caráter de fenômeno metafísico ou espiritual, ora como algo divino, ora como demoníaco, e o tratamento dispensado às pessoas com deficiência era determinado pela concepção em questão, variando entre maus-tratos e os mais variados tipos de tortura. Com a Inquisição imperando a partir do século XIII, época em que se acreditava que os sinais de malformações físicas e a deficiência mental eram o resultado da união entre a mulher e o demônio, muitas crianças com deficiência mental e suas respectivas mães foram levadas às fogueiras pela Inquisição. Este foi o destino de milhares de pessoas que apresentavam no corpo alguma diferença considerada anormal, ou que se comportavam de maneira inadequada; corpos e condutas que se destacassem por alguma diferença eram imediatamente atribuídos a uma suposta ligação íntima com o demônio.[13]

A partir da Idade Média, a Igreja passou a acreditar que as pessoas com deficiência possuíam uma alma. Dessa forma, apesar da deficiência – e ainda sujeitos à "purificação pelas chamas" –, tais indivíduos podiam ser considerados como filhos de Deus. Essa nova concepção resultou numa diminuição dos maus-tratos, das torturas e do abandono e as pessoas com deficiência começaram a ser acolhidas em instituições de caridade.[14] Com a nova "condição espiritual", aqueles que não se enquadravam

---

[12] Telford e Sawrey, 1977, p. 467; Evangelho de João 9:1-2.

[13] Bianchetti, 1998, p. 32; Cavalcante, 2002; Schwartzman, 1999.

[14] Silva e Dessen, 2001.

no padrão considerado normal ganhavam o direito à vida, mas continuavam sendo estigmatizados, pois a diferença estampada no corpo era interpretada como um sinônimo de pecado.[15]

É importante entender que nesse período a mudança de concepção por parte da Igreja foi influenciada pelas Cruzadas. Da forma como ocorreram, as Cruzadas representaram, de fato, uma operação ao mesmo tempo religiosa e bélica, que mutilou muitos religiosos e aventureiros. Para atender a uma demanda social inédita, em 1254, Luiz IV criou em Paris um asilo para acolher expedicionários que voltavam das Cruzadas para a Europa ocidental, após se tornarem cegos nos campos de batalha.[16] Embora muitos cruzados tivessem ambições pessoais, especialmente interesses econômicos e políticos, as Cruzadas eram caracterizadas como um movimento religioso, uma Guerra Santa contra os inimigos da Cruz, envolvendo inclusive crianças, numa marcha do sul da Europa rumo à Itália, em 1212, fato que ficou conhecido como a Cruzada das Crianças.[17]

As mutilações são comuns em qualquer operação militar e não teria sido diferente nas Cruzadas. Todavia, seria contraditório para a Igreja afirmar que as pessoas que se tornaram cegas durante a participação nas Cruzadas estavam sendo "punidas" por algum pecado enquanto atendiam aos apelos da Igreja para lutar pela fé cristã. As mutilações ocorridas durante as Cruzadas demonstraram que as deficiências possuem objetivamente outras causas que não as sobrenaturais. Daí a atitude acolhedora da Igreja, criando instituições de amparo aos expedicionários das Cruzadas.

As várias Cruzadas ocorreram num período de cerca de dois séculos. As atitudes de acolhimento observadas naquele tempo não foram suficientes para mudar a concepção de deficiência,

---

[15] Bianchetti, 1998, p. 30.

[16] Telford e Sawrey, 1977.

[17] Cairns, 1988, pp. 179-180.

pois esta permanecia oscilando entre eliminação, segregação e acolhimento. Ao se falar em influência da Igreja, deve-se entender não se tratar apenas da Igreja Católica, pois há um fato ocorrido com Martinho Lutero, o Reformador (1483-1546), considerado o pai do protestantismo. Lutero teria aconselhado a um príncipe que afogasse num rio um "ser" que ele, Lutero, viu e contra o qual lutou. A descrição dada por Lutero do tal "ser" era de uma criança que poderia ser confundida com uma criança normal, mas que não fazia outra coisa senão comer muito, tanto quanto um trabalhador do campo; a criança não fazia outra coisa senão comer, defecar, babar e quando era tocada gritava muito. Como o conselho de Lutero não foi seguido, este se comprometeu a orar juntamente com os cristãos para que o demônio fosse expulso daquela criança.[18]

Entre o final do século XV e início do século XVI houve uma mudança na concepção de homem, de sociedade e de mundo. O comércio se expandia, novas terras eram descobertas e o mundo ganhou novas dimensões geográficas. As transformações ocorridas naquele período desencadearam mudanças mais duradouras em relação à deficiência. A concepção do termo, a partir do período em pauta, teve uma vinculação mais direta com o sistema econômico. Naquele contexto, as pessoas com deficiência passaram a ser avaliadas de acordo com a capacidade produtiva que um indivíduo deveria demonstrar.[19]

Durante o século XVI, já sob a influência do antropocentrismo renascentista, a deficiência começou a atrair o interesse de pessoas cujo pensamento ia além das justificativas sobrenaturais para tudo aquilo que não se podia explicar objetivamente. Surgiram assim os primeiros questionamentos acerca da origem sobrenatural das deficiências. Esta nova abordagem acerca da deficiência

---

[18] Pessotti, 1994, p. 13.

[19] Silva e Dessen, 2001.

é atribuída ao pioneirismo de Cardano, médico e filósofo, e Paracelso, médico e alquimista, que na esteira renascentista de retorno ao homem e ao seu corpo teriam sido os primeiros a tentar interpretar o comportamento de pessoas com deficiência mental a partir de parâmetros mais objetivos e menos sobrenaturais. Cardano (1501-1576) e Paracelso (1493-1541) contribuíram para o avanço do conhecimento acerca da deficiência mental, questionando o seu aspecto sobrenatural e considerando-a como uma doença. A partir do século XVI, a deficiência, a diferença e as questões incompatíveis com o padrão adotado como normal deixam de pertencer exclusivamente ao campo de influência da Igreja e do sobrenatural para se tornarem objetos da medicina.[20]

Com o avanço da medicina e as teorias de Isaac Newton (1643-1727), a concepção de deficiência passou a ter contornos muito diferentes daqueles conhecidos até então. A visão mecanicista do universo fez emergir um resultado desastroso para a questão da diferença: o corpo também passou a ser visto e tratado como uma máquina, e a doença, a deficiência, assim como qualquer excepcionalidade ou diferença, passaram a ser tratadas como uma disfunção em algum componente dessa máquina chamada corpo.[21] Com isso, a modernidade deixa para trás as questões espirituais e místicas, os demônios e as divindades, para ocupar-se de questões menos transcendentes, mais concretas e objetivas: deficiência, desde então, é disfuncionalidade, desvio e anormalidade.[22]

A medicina acompanhou o crescimento de todos os campos do conhecimento, observado entre os séculos XVII e XVIII. Esse crescimento acontecia numa época em que "a saúde e a

---

[20] Bianchetti, 1998; Mantoan, 1989; Silva e Dessen, 2001.

[21] Bianchetti, 1998.

[22] Bianchetti, 1998; Marques, 2001; Silva e Dessen, 2001.

doença disputavam o homem assim como o bem e o mal disputavam o mundo".[23] Nesse mesmo período o conhecimento acerca da deficiência também se ampliou, surgindo várias concepções aplicadas tanto na institucionalização da deficiência como no ensino especial.[24] A despeito do avanço do conhecimento observado naquele período, vários autores[25] afirmam que, ao lado do suposto acolhimento, persistia a ambivalência caridade-castigo no processo de institucionalização.

Ainda dentro do período em questão, vale destacar a vigência da chamada Lei dos Pobres, na Inglaterra. Essa lei representa o mais antigo e mais claro exemplo de coerção compassiva, ou ambivalência caridade-castigo, que se tem notícia.[26] No início do século XVIII, o termo "pobre" era usado para referir-se a uma variedade de condições sociais. O termo aplicava-se, além dos pobres propriamente ditos, às viúvas, órfãos, doentes, idosos, insanos e, obviamente, às pessoas com deficiência. A legislação e as discussões acerca da questão não faziam uma distinção clara entre eles, e a característica que os identificava como pobres era a necessidade,[27] ao passo que as circunstâncias particulares que distinguiam uma viúva de um doente, ou uma pessoa com deficiência de um órfão, não recebiam uma atenção diferenciada.

A ambigüidade permeia todos os projetos filantrópicos daquele período. As supostas atitudes de acolhimento eram apresentadas como uma assistência caridosa dirigida às pessoas necessitadas (pessoas com deficiência, viúvas, órfãos, doentes, velhos, insanos etc.), ao mesmo tempo em que funcionavam

---

[23] Canguilhem, 1978, p. 77.

[24] Silva e Dessen, 2001.

[25] Caponi, 2000; Cavalcante, 2002; Kirk e Gallagher, 1987; Marques, 2001; Silva, 2003.

[26] Caponi, 2000.

[27] Giddens, 2002, p. 146.

como um eficiente dispositivo de coerção social.[28] O indivíduo com alguma deficiência figurava na lista, desta feita como "pobre necessitado", alguém que depende da caridade alheia, alguém que "merece" o cuidado especial oferecido pelas instituições de caridade. Conforme alguns autores,[29] esse processo de acolhimento e proteção implicava, obviamente, segregação e isolamento social.

O período em questão foi crucial para a formação discursiva da invalidez, da incapacidade e, conseqüentemente, da inferioridade das pessoas com deficiência. As mesmas instituições de caridade que acolhiam, também reforçavam o estigma daquelas pessoas como objetos da caridade alheia, com todas as implicações sociais produzidas por essa condição. Em outras palavras, as conseqüências sociais das instituições de amparo à deficiência funcionaram como uma demonstração pública da invalidez, uma marca social que promoveu o fortalecimento do preconceito e da discriminação. Os efeitos sociais das instituições de caridade foram marcantes e profundamente negativos para a questão da deficiência, a ponto de ainda hoje, século XXI, não terem sido plenamente eliminados.

Ainda no século XVIII, outros fatores influenciaram a concepção de deficiência. É importantíssimo destacar a Revolução Industrial e todos os desdobramentos socioculturais que dela resultaram. Naquele período a idéia de invalidez e incapacidade já estava fortemente atrelada à imagem social da pessoa com deficiência. Com a Revolução Industrial, a produtividade tornou-se um elemento fundamental para o crescimento das indústrias e do capital e, conseqüentemente, os trabalhadores tiveram que corresponder a essa nova demanda. Esse novo modelo de produção

---

[28] Castiel, 1999.

[29] Kirk e Gallagher, 1987; Silva, 2003.

trouxe mudanças significativas, abrangendo desde as relações familiares até a relação com o trabalho propriamente dito. O indivíduo passou a ser valorizado e reconhecido socialmente de acordo com aquilo que pudesse produzir. O novo conceito de trabalho excluiu sumariamente a pessoa com deficiência que, antes mesmo da Revolução, já carregava consigo o estigma da invalidez e da incapacidade. Essa condição de inferioridade social atrelada à deficiência foi reforçada ainda mais nas décadas pós-revolução.

A Revolução Industrial não apenas excluiu pessoas com deficiência. Ela também produziu pessoas com deficiência. A referida Revolução foi, na verdade, um processo que durou décadas. A nova concepção de trabalho foi aos poucos implantada e os parques industriais foram paulatinamente se expandindo e se aperfeiçoando. As condições de trabalho eram extremamente precárias, sem qualquer mecanismo de segurança e os trabalhadores eram massacrados pelas longas jornadas de trabalho. Especialmente pelo item (falta de) segurança, somado às condições precárias de uma indústria ainda muito rudimentar, certamente havia muitos acidentes que resultavam em deficiência. Desconhecemos qualquer registro histórico nesse sentido; entretanto, com base na atual ocorrência de acidentes mesmo em indústrias mais sofisticadas e com equipamentos de segurança adequados, conclui-se que, nas condições em que as primeiras indústrias operavam, elas não apenas excluíram, mas também produziram pessoas com deficiência.

Outro dado que reforça o que foi dito acima é o surgimento de sistemas de reabilitação. Tais sistemas, em princípio, apareceram como uma variação das instituições de proteção ou de caridade. São dessa época também as primeiras manifestações dos profissionais de saúde no sentido de estabelecer uma classificação das doenças.[30] Naquele momento, a deficiência começou

---

[30] Amiralian et al., 2000; Silva, 2003.

então a ser "estudada". Duas questões de suma importância podem ser levantadas aqui: a primeira, é que esse "estudo" tinha como ponto de partida as pessoas sem deficiência e a meta era, senão curar a deficiência, pelo menos fazer a pessoa com deficiência funcionar como uma pessoa sem deficiência; a segunda questão é que esse "cuidado médico" muitas vezes tinha como objetivo proteger os de fora, aqueles "não acometidos" por problemas físicos, muito mais do que tratar os de dentro, ou aqueles que precisavam de algum atendimento médico.

Na Revolução Industrial a medicina já possuía uma concepção de deficiência e essa concepção foi consolidada no período pós-revolução. Naquele período a deficiência era considerada pela medicina como um sofrimento físico; essa concepção estava ancorada predominantemente no discurso médico e científico, cujas determinações tinham o caráter de irretocáveis – o que lembra, inevitavelmente, a autoridade da Igreja e, especialmente, a "purificação pelas chamas" – dada a força e a prepotência do discurso científico naquele momento. As pessoas com deficiência não foram absorvidas pelo mercado de trabalho emergente e, em parte, a concepção médica da época contribuiu para essa segregação, assim como contribuiu para a imagem social negativa da pessoa com deficiência, considerada inválida e incapaz para o trabalho.[31]

Durante o século XVIII aconteceram também as primeiras iniciativas acerca da chamada educação especial. No século em questão, as instituições se diversificaram e a educação também passou por esse mesmo processo. Algumas instituições voltadas para a educação de pessoas com deficiência tinham como motivação a caridade, mas outras tantas não estavam contaminadas por esse viés.

---

[31] Clapton e Fitzgerald, 2002.

As primeiras instituições que ofereceram uma educação à parte para as pessoas com deficiência surgiram no século XVIII.[32] A primeira escola para crianças surdas foi criada na França pelo abade De l'Épée (1710-1789), que educava as crianças por meio de sinais manuais. Na Alemanha, a primeira escola pública para surdos foi criada por Samuel Heinicke (1723-1790), que, ao contrário do sistema francês, ensinava por meio de métodos de comunicação oral. Em virtude dos métodos francês e alemão, por volta de 1800 havia duas escolas de pensamentos opostos em relação à melhor maneira de se ensinar crianças surdas: o sistema francês, ou sistema de sinais; e o sistema alemão, ou sistema oral.[33] Passados mais de dois séculos, essa antiga divergência persiste. Ainda hoje se discute qual é o melhor método, mesmo com a eficácia comprovada e, principalmente, pela preferência dos próprios surdos pelo sistema francês, aperfeiçoado ao longo do tempo e considerado a matriz da Língua Brasileira de Sinais – LIBRAS.

Pouco mais tarde surgiu o primeiro programa sistemático de educação especial. Esse sistema pioneiro foi desenvolvido em 1800 e o seu idealizador foi Jean Itard (1774-1838), nome bastante conhecido no campo da educação especial.[34] Nos anos seguintes a deficiência seria contemplada sob vários aspectos, em especial na educação. Porém, foi somente no século XIX que se observou uma atitude de responsabilidade pública em relação às necessidades das pessoas com deficiência.[35]

Há que se ressaltar a importância do século XIX no que tange aos primeiros esforços em prol da educação especial. Num

---

[32] Kirk e Gallagher, 1987.

[33] Telford e Sawrey, 1977, p. 542.

[34] Cavalcante, 2002.

[35] Oliver, 1998.

curto espaço de tempo muitas mudanças foram acontecendo. Em 1817 foi criada a primeira instituição residencial para crianças surdas em Hartford, Connecticut, EUA; na época de sua criação, a instituição era denominada *American Asylum for Education and Instruction*, transformando-se, posteriormente, na conhecida *American School for the Deaf*. Aparentemente, já na segunda metade do século XX, a instituição perdera seu caráter de "asilo"[36].

A instituição do tipo residencial para surdos inspirou, doze anos mais tarde, uma instituição semelhante, desta feita para crianças cegas. O *New England Asylum for the Blind* foi fundado em 1829, na cidade de Watertown, Massachusetts, EUA, tendo, posteriormente, o nome modificado para *Perkins School for the Blind*. Naquele mesmo ano, 1829, um outro fato transformou profundamente a vida das pessoas cegas: um jovem estudante, cego, modificou um código militar usado para comunicação noturna, de modo que pudesse ser utilizado por pessoas cegas; o nome do jovem é Louis Braille (1809-1852), considerado o criador do método Braille,[37] amplamente utilizado por cegos do mundo inteiro. Braille, de fato, abriu novas portas para as pessoas cegas e sua brilhante iniciativa é reconhecida mundialmente.

A iniciativa de Louis Braille repercutiu em terras brasileiras. O Instituto Benjamim Constant – IBC, instituição reconhecida no campo da educação de cegos, foi criado em 1854 por um decreto do imperador D. Pedro II. Sua inauguração oficial ocorreu no dia 17 de setembro daquele mesmo ano, com o nome de Imperial Instituto dos Meninos Cegos. O nome foi modificado para Instituto Benjamim Constant em 1891, por ocasião da inauguração do prédio onde funciona atualmente, no

---

[36] Ferreira, 1999 (Novo Aurélio Século XXI).

[37] Creasy, 1999.

bairro da Urca, no Rio de Janeiro. A iniciativa imperial alcançou também os surdos, com a criação do Imperial Instituto de Surdos Mudos em 26 de setembro de 1857, tornando-se, mais tarde o Instituto Nacional de Educação de Surdos – INES.[38]

As instituições mencionadas acima ofereciam treinamento para os residentes, mas destacava-se um ambiente protetor do qual muitos residentes tornaram-se dependentes por toda a vida.[39] A filosofia de trabalho aparentemente diferia e muito das instituições religiosas mencionadas anteriormente; entretanto, preservava-se a atitude protetora e a impossibilidade de uma condição social diferente daquela vivida nas instituições residenciais. Estas últimas instituições, que podem ser chamadas de instituições filhas das instituições de caridade, aprimoraram o sistema de "acolhimento" e fortaleceram todos os estigmas e preconceitos já existentes.

As chamadas "classes especiais" em escolas públicas, destinadas às pessoas com deficiência, representam uma outra forma de institucionalização da deficiência. O surgimento dessas classes aconteceu na segunda metade do século XIX, nos Estados Unidos. A primeira dessas classes foi criada em 1869, na cidade de Boston; era uma classe que atendia a crianças surdas e, provavelmente, também foi a primeira classe especial a funcionar diariamente. As crianças com deficiência mental só foram atendidas numa classe especial quase trinta anos mais tarde, em 1896, em Rhode Island. Pouco depois, duas novas classes surgiram em Chicago, sendo uma delas para crianças com deficiência física e outra para crianças cegas, em 1899 e 1900, respectivamente.[40]

---

[38] Kock, 2001; Palácios e Romañach, 2006)

[39] Kirk e Gallagher, 1987.

[40] Kirk e Gallagher, 1987, p. 6.

O século XX trouxe mudanças em todos os sentidos. Algumas são, de fato, efetivas, outras, meramente cosméticas. Teoricamente o século XX pode ser retratado como o século da integração, especialmente na sua última metade, quando todos os segmentos sociais foram conclamados a integrar pessoas com deficiência, do esporte ao turismo, do lazer ao trabalho.

Para dar visibilidade internacional às questões ligadas à deficiência, a Organização das Nações Unidas – ONU decretou, em 1983, a Década das Pessoas Portadoras de Deficiência (1983-1992). Na época, foi elaborado um documento chamado Programa de Ações Mundiais para as Pessoas Portadoras de Deficiência, visando unificar as ações a serem implementadas internacionalmente.[41] Particularmente no Brasil, até a década de 1970, todas as questões relativas à deficiência eram comandadas por profissionais ligados à área médica, os chamados especialistas. O atendimento oferecido por eles era geralmente feito em instituições de saúde ou reabilitação. Na abordagem típica daquele período, a deficiência era percebida no lugar da pessoa.[42]

Na segunda metade do século XX surgiram várias instituições no país, com finalidades variadas, mas todas elas marcadas por uma política de proteção, ou política paternalista. As primeiras entidades organizadas a partir daquele período foram o Conselho Brasileiro para o Bem-Estar dos Cegos e a Federação Nacional das APAES, fundados em 1954 e 1962, respectivamente. Em 1970 foi criada a Federação Nacional das Sociedades Pestalozzi e, em 1974, a Federação Brasileira de Instituições de Excepcionais.[43]

---

[41] Caprara, 2003.

[42] Saeta, 1999.

[43] Bieler, 1990.

No final da década de 1970, a ONU iniciou um movimento mundial cujo resultado foi a realização do Ano Internacional das Pessoas Deficientes (AIPD), em 1981. Engajados no movimento iniciado pela ONU, em 1979 vários grupos organizados no país começaram a pensar e discutir juntos a questão da deficiência. Um detalhe fundamental caracterizou aquela mobilização: surgia ali um movimento inédito no Brasil, conduzido pelas próprias pessoas com deficiência, sem qualquer interferência dos técnicos e especialistas. Nascia ali uma mobilização brasileira em torno das questões ligadas à deficiência.[44]

Em 1984, a mobilização de pessoas com deficiência já era chamada de Movimento e contava com uma estrutura organizada, compatível com esta designação. A partir da atuação política desse Movimento, e também sob a influência do Ano Internacional das Pessoas Deficientes, foram criadas naquele ano a Federação Brasileira de Entidades de Cegos – FEBEC, a Organização Nacional das Entidades de Deficientes Físicos – ONEDEF, a Federação Nacional de Educação e Integração dos Surdos – FENEIS, o Movimento de Reintegração dos Hansenianos – MORHAN e, finalmente, o Conselho Brasileiro de Entidades de Pessoas Deficientes. Estas entidades conquistaram reconhecimento político e representavam várias pequenas associações locais (esportivas, educacionais, assistenciais etc.) espalhadas pelo país, associações estas que estavam em funcionamento desde as décadas de 1950 e 1960, mas que eram totalmente desarticuladas entre si. A mobilização em torno do Ano Internacional possibilitou a articulação e o surgimento de um Movimento para a integração de pessoas com deficiência em todos os segmentos sociais.[45]

---

[44] Bieler, 1990.

[45] Bieler, 1990; Saeta, 1999.

A estrutura descrita acima foi totalmente organizada e comandada por pessoas com deficiência. Num período de cerca de cinco anos, entre 1979 e 1984, uma mobilização nacional de pessoas com deficiência, antes tuteladas pelo Estado e pelas instituições assistenciais, ganhou visibilidade social e política, motivadas pelo lema do Ano Internacional: "Plena Participação e Igualdade". Dois anos depois, a liderança envolvida naquela mobilização concebeu a Coordenadoria Nacional para a Integração das Pessoas Portadoras de Deficiência – CORDE; no ano seguinte o Governo Federal criou oficialmente a CORDE por meio de um decreto, aprovado posteriormente pelo Congresso Nacional. A Coordenadoria ficou vinculada ao então Ministério da Ação Social e suas atribuições incluíam a normatização, articulação e coordenação das ações no campo das deficiências em nível federal.[46]

Em um período de vinte anos, a deficiência, escondida e segregada durante tantos séculos, ganhou visibilidade social no Brasil. As pessoas com deficiência conquistaram um espaço antes inexistente na sociedade, na legislação, no espaço público, no mercado de trabalho e na mídia. De fato, para quem participou desse processo, as conquistas são visíveis, notáveis, mas sob muitos aspectos elas possuem um caráter de concessão feita às pessoas com deficiência, muito mais que uma questão de cidadania. Em todos os segmentos sociais por onde deveria transitar livremente uma pessoa com deficiência ainda persistem barreiras visíveis e preconceito, no mínimo velado. Isto inclui os campos da saúde, educação, mercado de trabalho, turismo e lazer, transporte e equipamentos públicos. Tal quadro parece incompatível com as conquistas, especialmente no campo político. Entretanto, o que ainda há por conquistar não invalida de forma alguma as conquistas já consolidadas.

---

[46] Bieler, 1990.

Nesse ponto há que se estabelecer a diferença entre conquistas e mudanças. É inquestionável que muitas conquistas têm efetivamente ocorrido nesse período recente, mas as mudanças propriamente ditas requerem muito mais tempo. A imagem social da pessoa com deficiência, assim como a sua auto-imagem e todo o preconceito e discriminação que ela sofre e que sente em relação aos seus iguais e diferentes, em nada se alteram com um decreto político ou com uma mobilização nacional. Esses aspectos são da ordem da cultura, pode-se dizer da ordem da "cultura da deficiência", incluindo aí a condição de diferente, incapaz, inválido, inferior, primeiramente imposta, e, posteriormente, assimilada pela própria pessoa com deficiência. A geração que participou das conquistas, seja assistindo ou lutando, pode delimitar e vivenciar parcialmente o efeito das conquistas e as futuras gerações certamente encontrarão um ambiente menos agressivo, menos discriminador e menos cruel, se comparado com os anos e os séculos que antecederam as duas últimas décadas.

CAPÍTULO 2

Lúbricos conceitos

O que é a deficiência? O que caracteriza uma pessoa com deficiência? Os diversos níveis de limitação são decorrentes de diferentes níveis de deficiência? Há uma hierarquia nos diagnósticos da deficiência? Estas e tantas outras perguntas traduzem a dimensão das dúvidas que rondam a conceituação da deficiência.

As tentativas de se formular conceitos sobre a deficiência produziram uma ampla discussão teórica. Estamos diante de uma questão polêmica, patrocinada inicialmente pela medicina e sobre a qual repousam muitas dúvidas, imprecisões e poucas definições úteis para o universo acadêmico, para a prática médica em geral, bem como para a condição de vida das pessoas com deficiência.

As primeiras tentativas de se conceituar a deficiência podem ser encontradas nos primórdios da escrita e eram fundamentadas na crença de que espíritos bons ou maus estariam presentes na origem das deficiências e dos comportamentos desviantes.[1] Há também registros que remontam ao século XVI, quando os médicos Cardano (1501-1576) e Paracelso (1493-1541) atribuíram à deficiência mental uma nova conotação. Até

---

[1] Telford e Sawrey, 1977.

aquele momento as explicações acerca da deficiência mental eram fundamentadas em crenças religiosas ou espirituais, conforme relatado no capítulo anterior. Cardano e Paracelso foram os primeiros a postular uma origem humana para a deficiência mental, desconsiderando a tradicional origem sobrenatural, adotada desde a Antiguidade.[2]

A iniciativa pioneira de Cardano e Paracelso foi de grande importância, mas deve ser considerada apenas como um fato isolado, uma preocupação particular que não influenciou a medicina nem interferiu substancialmente na concepção de deficiência adotada na época. Entretanto, no século XVIII observou-se uma preocupação por parte dos profissionais de saúde em se estabelecer uma classificação das doenças.[3] Naquele século, embora ainda prevalecessem as explicações religiosas e sobrenaturais acerca da deficiência, essa argumentação vinha perdendo a sustentabilidade. Novas concepções de deficiência aos poucos ganhavam força, principalmente no campo da medicina e da educação, o que aproximava os fenômenos "doença" e "deficiência". Sabe-se hoje que a idéia da classificação de doenças prosperou. Se naquele momento o interesse na classificação das doenças não contemplou objetivamente as deficiências, mais tarde, na segunda metade do século XX, surgiria uma classificação de deficiências inspirada na mesma idéia.

A terminologia no campo das deficiências e, de forma mais ampla, no campo da excepcionalidade, não contava com nenhum tipo de padronização, conforme demonstra o trabalho de Telford e Sawrey (1977). É importante ressaltar que a consideração dos autores retrata uma realidade observada até os anos 1960, pois o texto em foco foi lançado nos Estados Unidos, em 1967, poucos

---

[2] Mantoan, 1989.

[3] Amiralian et al., 2000.

anos depois do fim da II Guerra Mundial e em plena Guerra do Vietnã. Estes e outros conflitos bélicos de menores proporções provocaram um aumento significativo nas estatísticas sobre a deficiência, com o regresso de centenas de pessoas mutiladas nos campos de batalha. Tal contexto desencadeou uma questão inédita e muito séria no campo da saúde pública e uma necessidade política e social de se administrar aquela situação. Os autores relatam que alguns termos que aparentemente caíam em desuso durante os anos 1960, ainda não tinham sido totalmente eliminados:

> Ainda recentemente eram empregados termos como louco, cego, surdo, aleijado (...), assim como a expressão débil mental e suas subdivisões – mentecapto, imbecil e idiota – para se referir às várias categorias de indivíduos excepcionais. [Atualmente] a tendência é empregar termos menos estigmatizantes, mais gentis e menos carregados emocionalmente, em substituição aos mais antigos, que adquiriram conotações de desamparo e desesperança (Telford e Sawrey, 1977, p. 38).

Naquele mesmo período, aqui no Brasil também ocorreram mudanças nas expressões e nos termos utilizados para designar pessoas com deficiência. Até a década de 1980 ainda eram utilizados com naturalidade termos como aleijado, defeituoso, incapacitado e inválido. Nos últimos anos, a expressão "pessoa com deficiência" tem sido usada para designar a parcela da população considerada "deficiente", com todas as variações englobadas nesse termo. Trata-se de uma designação criada naturalmente pelas próprias pessoas com deficiência, sem qualquer preocupação com os aspectos teóricos da terminologia. A expressão "pessoa portadora de deficiência", ainda muito utilizada, tem sido questionada pelas próprias pessoas com deficiência, que argumentam que a deficiência não é como algo que portamos ou carregamos, como um objeto, um documento ou uma bolsa.[4] Dessa forma, há um diferencial positivo na expressão "pessoa com deficiência" por ter sido formulada pelas próprias pessoas com deficiência.

As tentativas de conceituação das deficiências foram inspiradas na conceituação das doenças utilizada pela medicina. Na Classificação Internacional de Doenças, a condição que até então mais se aproximava das deficiências ocorreu na VI revisão (CID 6), em 1948, quando foram feitas referências a certas doenças que poderiam se tornar crônicas, exigindo outros tipos de atendimento além dos cuidados médicos já padronizados.[5]

Nos anos subseqüentes, a discussão em torno da conceituação das deficiências se intensificou, tornando-se mais sistematizada. Surgiram então as conceituações elaboradas nos anos 1970 e que ainda hoje estão em vigor no meio médico. Destacam-se, nesse sentido, a ONU e a Organização Mundial da Saúde – OMS, que estiveram na linha de frente, tentando resolver a questão da terminologia e dos conceitos ligados à deficiência. Assim, na tentativa de se encontrar termos adequados que pudessem amenizar o peso do estigma contido nos termos mais antigos (Ex.: entrevado, paralítico, aleijado, ceguinho, louco etc.), buscou-se conceituar as deficiências para melhor compreender e tratar a questão. Paralelamente, as pessoas com deficiência também criaram termos mais atraentes para designar a própria deficiência (Ex.: cadeirante, chumbado, tetra [tetraplégico] etc.), buscando assim eliminar os rótulos desconfortáveis e pejorativos muito presentes no vocabulário popular.

Com a questão da conceituação ainda em discussão, um importante documento foi lançado pela ONU, a saber, a Declaração dos Direitos das Pessoas Deficientes, discutida e aprovada

---

[4] Sassaki, 2002.

[5] Amiralian et al., 2000.

na 30ª Assembléia Geral da ONU, em dezembro de 1975. Com esse documento a ONU lançava internacionalmente o termo "pessoa deficiente", devidamente definido no primeiro artigo da Declaração:

> O *termo* "pessoa deficiente" *refere-se a qualquer pessoa incapaz de assegurar por si mesma, total ou parcialmente, as necessidades de uma vida individual e/ou social normal, em decorrência de uma deficiência congênita ou não, em suas capacidades físicas ou mentais* (United Nations, 1975).

O empenho da ONU e OMS não foi suficiente para eliminar os termos inadequados e incoerentes, pois a expressão *"pessoa deficiente"*, proposta no referido documento, manteve o sentido pejorativo e a discriminação, pois, de fato, se opõe à condição de eficiente: "ser deficiente, antes de tudo, é não ser capaz, não ser eficaz."[6]

No âmbito da saúde a terminologia mais aceita foi definida em 1976, pela OMS, e ampliada em 1980 pela *Rehabilitation International*, órgão das Nações Unidas que atua politicamente na área da deficiência.[7] A conceituação internacional estabelecida pela OMS e ONU teve como objetivo encontrar uma definição clara e hierarquizada das deficiências e suas respectivas limitações, compondo uma Classificação Internacional das Deficiências, que pudesse ser utilizada pela medicina, pela reabilitação e pela seguridade social.[8]

A conceituação de deficiência proposta pela OMS, abrange três termos: deficiência (*impairment*), incapacidade (*disability*) e desvantagem (*handicap*):

---

[6] Ribas, 1983, p. 12.

[7] Amaral, 1994; Ribas, 1983.

[8] Amiralian et al., 2000.

A *deficiência* é uma perda ou anormalidade de alguma estrutura ou função anatômica, fisiológica ou psicológica, temporária ou permanente. Cabem nesta designação as anomalias, a perda de um membro (braços, pernas), as disfunções mentais, sensoriais ou mesmo em algum órgão interno, como o coração, os rins, o fígado, bem como as várias seqüelas de doenças ou acidentes que limitam a execução de determinadas tarefas.

A *incapacidade* é caracterizada pela restrição ou inabilidade em desempenhar uma atividade cuja execução está ao alcance de um ser humano comum. Esta condição surge como conseqüência de uma deficiência física, sensorial ou mental, refletindo diretamente sobre as várias atividades da vida diária.

A *desvantagem*, por sua vez, é o efeito de uma *deficiência* ou *incapacidade* que limita ou impede o desempenho de papéis compatíveis com a idade, sexo e fatores socioculturais do indivíduo. A *desvantagem* põe em evidência a distância entre a capacidade de realização do indivíduo e as expectativas criadas por ele próprio e pela sociedade acerca de sua realização.[9]

A partir da conceituação proposta pela OMS, Amaral (1994) organiza a concepção de deficiência em dois grupos: as deficiências primárias e as secundárias. De acordo com a autora,

> a deficiência primária engloba o impedimento (*impairment*), dano ou anormalidade de estrutura ou função: o olho lesado, o braço paralisado, a perna inexistente... e a "deficiência" propriamente dita (*disability*): o não ver, o não manipular, o não andar... refere-se portanto aos fatores intrínsecos (Amaral, 1994, pp. 16-17).

A deficiência secundária é definida levando-se em conta o conceito de incapacidade (*handicap*) e a sua ocorrência é

---

[9] Amiralian et al., 2000. Ribas, 1983.

observada a partir de uma determinada desvantagem. Na argumentação de Amaral (1994) a deficiência secundária é a própria condição de deficiência, caracterizando uma situação de desvantagem num esquema comparativo, ou seja, uma determinada pessoa (de tal sexo, tal idade etc.) em relação ao seu grupo (social, afetivo, econômico, cultural). Para a autora, a principal diferença entre a deficiência primária e a secundária é que sobre esta última incidem fatores extrínsecos, ficando especialmente sujeita à leitura social que se faz da diferença, bem como as significações afetivas, emocionais, intelectuais e sociais que o grupo social atribui a uma determinada diferença.

Na análise crítica de Ribas (1983), tanto a Declaração dos Direitos das Pessoas Deficientes como a Classificação Internacional das Deficiências tentam acabar com a ambigüidade que os antigos termos apresentavam, da mesma forma que tentam definir com mais clareza quem é e quem não é deficiente, para eliminar uma possível imagem deturpada. O autor apresenta sua argumentação nos seguintes termos:

> Eu não sei se a nossa imagem muda significativamente ao sabermos que tal pessoa não é "incapacitada", mas apenas "deficiente". Acredito que a imagem não mude substancialmente a não ser quando retrabalhada em si mesma. Se entrarmos por este caminho, surgirá ainda a seguinte pergunta: mesmo com a tentativa de "definição" por parte da Organização Mundial da Saúde (que tenta responder a estas questões), a rigor, grande parte de nós não é em maior ou menor grau deficiente? (Ribas, 1983, pp. 10-11).

O conceito de incapacidade também é pouco consistente e alvo de muitas críticas. Ao se estabelecerem as bases desse conceito, seus formuladores traçaram parâmetros observando *de fora* a "perda" de habilidades, as "restrições" e as aparentes "dificuldades" decorrentes de uma deficiência. Na prática isso equivale a observar (ou imaginar!) uma pessoa com disfunção motora nas mãos e a partir daí avaliar que, em virtude de tal quadro, a pessoa seja incapaz de descascar uma batata. É evidente que tal avaliação parte também de uma comparação entre uma pessoa que pode descascar batatas e outra que não pode; ou seja, a referência é a pessoa considerada "normal", cuja "normalidade" é legitimada pelo ato de descascar batata utilizando as mãos. Ora, é sabido que, com algum treinamento, é possível aprender a descascar batatas com os pés, ou mesmo dirigir automóvel, tocar instrumentos musicais, escrever, pintar etc., também com os pés. Se a questão é o desempenho, que diferença faz desempenhar a ação de descascar batatas, dirigir automóvel ou escrever, com as mãos ou com os pés? Se a questão ainda mais importante é o resultado da ação, também não faz diferença se a batata foi descascada com as mãos, com os pés ou por uma máquina – mesmo que operada por mãos trêmulas.

As pessoas mais indicadas para definir incapacidade são as próprias pessoas com deficiência. Sem a participação direta das pessoas implicadas na discussão, as formulações serão vazias de experiência vivencial. Alguns autores[10] valorizam a participação das pessoas com deficiências quando se trata de definir incapacidade; dessa forma, a discussão seria enriquecida pelas respostas diretas do próprio indivíduo sobre suas dificuldades. A relevância de depoimentos obtidos em primeira mão com quem vivencia a deficiência é crucial para a formulação de qualquer conceito acerca da deficiência.

Tanto a terminologia aceita no âmbito médico como a Classificação Internacional das Deficiências pretendem atender

---

[10] Amiralian et al., 2000; Barbotte et al., 2001; Ribas, 1983.

inicialmente à própria medicina e, por extensão, à área de reabilitação. A seguridade social também tem sua parcela de benefícios, mas nenhuma autonomia no assunto, pois a rotulação, na forma de laudo – documento imprescindível para a seguridade social –, é feita exclusivamente pela caneta do médico responsável pela perícia. A pessoa com deficiência não recebe sequer informação, embora seja ela – ou, pelo menos deveria ser – o ponto de convergência de toda essa discussão.

Freqüentemente, os mesmos termos técnicos da classificação e dos laudos são utilizados nas conversas com os pacientes com deficiência. Considerando que o significado de tais termos só é conhecido pelos iniciados, a conversa com o paciente é, de fato, um monólogo médico. A informação clara, simples e útil, direcionada às pessoas com deficiência e suas famílias, em regra é obtida fora dos domínios do território médico, especialmente nas associações, nas conversas informais entre pares e, mais recentemente, nas Organizações Não-Governamentais – ONG's atuantes na área de deficiência.

A falta de informação encobre uma dimensão da deficiência que é, ao mesmo tempo, física, psicológica e social: as pessoas com deficiência são muito diferentes entre si, embora o estigma da deficiência tenha induzido a população em geral a acreditar que as pessoas com deficiência são todas igualmente limitadas, igualmente incapazes. Esta diferença, que é tão evidente, mas, ao mesmo tempo, ignorada, faz da deficiência uma condição – e, por extensão, um conceito – absolutamente relativo.

> O que me parece importante é que um deficiente físico que "transe'" muito bem com o seu aparelho ortopédico, com a sua cadeira de rodas e com a vida, sem dúvida poderá ter as suas limitações atenuadas. Ao passo que um deficiente qualquer, que deixe a deficiência ou a vida comandá-lo mais do que ele comanda a deficiência ou a vida, um

deficiente desses estará sujeito a ter mais limitações. (...) O que estou querendo mostrar, apenas, é que a deficiência é relativa. Relatividade esta que se apresenta tanto em nível sociocultural, como também exclusivamente em nível físico (Ribas, 1983, pp. 29-30).

Em torno da deficiência mental, designação substituída recentemente por deficiência intelectual, a polêmica é ainda mais intensa e delicada, tendo em vista o comprometimento cognitivo presente em graus variados nessa forma de deficiência. Embora o interesse nessa categoria de deficiência seja o mais antigo, tanto a conceituação como a classificação dessa deficiência não são consensuais. A expressão mais comum é *"criança excepcional"*, ou, no âmbito escolar, *"criança com necessidades educativas especiais"*.

Surge aqui uma questão em torno da abrangência tanto do termo "excepcional" como da designação "necessidades educativas especiais". Espera-se que a partir da Declaração de Montreal sobre Deficiência Intelectual esta questão seja gradualmente aclarada. A referida Declaração, aprovada pela OMS e Organização Pan-Americana de Saúde – OPAS em outubro de 2004, determina que o termo **deficiência mental** seja substituído definitivamente por **deficiência intelectual.** As duas entidades admitiram que a condição designada até então como **deficiência mental** não é uma característica inerente à pessoa, mas um atributo que interage com o ambiente físico e social.[11] Ao envolver o ambiente e a sociedade na questão, a discussão ganha um outro enfoque, pois coloca em evidência as barreiras físicas, pedagógicas, sociais e humanas que sempre limitaram o desempenho das pessoas supostamente limitadas (apenas) pela deficiência.

No âmbito da educação o emprego do termo "excepcionalidade" tinha uma especificidade própria que diferia

---

[11] Sassaki, 2006.

do seu emprego em outros campos de conhecimento. Dessa forma, no campo educacional considera-se que uma criança é excepcional somente quando suas necessidades exigem alguma alteração no programa, com intervenções pedagógicas desnecessárias para a maioria das crianças:

> [a criança excepcional se difere das demais] (1) por suas características mentais, (2) suas capacidades sensoriais, (3) suas características neuromotoras ou físicas, (4) seu comportamento social, (5) sua capacidade de comunicação, ou (6) suas deficiências múltiplas. Essas diferenças devem ser suficientemente notáveis a ponto de requerer a modificação das práticas escolares, ou de necessitar de serviços de educação especial, para possibilitar o desenvolvimento do menor, até sua capacidade máxima (Kirk e Gallagher, 1987, p. 4).

A classificação ou rotulação da criança com deficiência mental/intelectual é uma controvérsia que se arrasta por longos anos. Nas classificações elaboradas formalmente até então, os diferentes níveis cognitivos tendem a ser agrupados com vistas a um melhor aproveitamento na educação especial. Os educadores que rejeitavam a classificação argumentavam que classificar é, de fato, rotular a criança e essa prática está sujeita a erros, pois não contribui para programas educacionais relevantes e os rótulos prejudicam a auto-estima das crianças rotuladas. Por sua vez, a corrente favorável à classificação argumenta que esse procedimento tem por objetivo colocar a criança com necessidades especiais em contato com pessoal treinado para oferecer programas especiais em ambientes especiais; estes últimos entendem que a classificação, quando elaborada adequadamente, favorece a comunicação.[12] A Declaração de Montreal sobre Deficiência

---

[12] Kirk e Gallagher, 1987, pp. 35-36.

Intelectual, aprovada há tão pouco tempo, não pôde ainda influenciar efetivamente o trabalho dos educadores. Assim, ao invés de atitudes pessimistas ou triunfalistas, há que se ter senso crítico e observar os efeitos práticos desta nova Declaração.

A Classificação Internacional das Deficiências, assim como a classificação das deficiências mentais/intelectuais, são mecanismos que identificam os indivíduos que diferem, de alguma forma, da maioria da população em geral. Em outras palavras, identificam aquelas pessoas que apresentam algum desvio, pois pressupõem a existência de um comportamento "médio" ou "ideal" para o funcionamento do sistema social.[13]

O enquadramento de uma criança em uma determinada categoria, assim como a sua rotulação, cria expectativas que influenciam tanto a percepção do professor como o comportamento da criança; daí em diante, essa condição irá, de alguma forma, permear todas as interpretações sobre seu comportamento.[14] Na verdade, qualquer comportamento pode ser apontado como um sinal de desvio, ou como prova de anormalidade. Assim, se uma criança "normal" é barulhenta, ela é apenas uma criança bagunceira; se um aluno excepcional é barulhento, suas ações são tratadas como um sinal de sua doença.[15]

> O desvio é criado pela sociedade; isto é, tal pessoa é desviante porque o rótulo de desvio foi a ela sobreposto com êxito. O desvio não é uma característica que seja encontrada no indivíduo, mas um veredicto enunciado acerca desse indivíduo por um grupo social. (...) Quanto ao que se refere aos alunos excepcionais, (...) [eles] são desviantes porque o rótulo do desvio foi, com sucesso, a eles sobreposto (Scheneider, 2004, pp. 60 e 61).

---

[13] Velho, 2004, p. 17.

[14] Telford e Sawrey, 1977, p. 71; Scheneider, 2004.

[15] Scheneider, 2004, p. 57.

Ao se considerar a terminologia utilizada tanto no meio médico como na linguagem cotidiana, a deficiência é sempre referida como algo depreciativo. A raiz etimológica favorece esse aspecto depreciativo da palavra *deficiência*, derivada do latim *deficiens*, que se origina de *deficere*, cuja tradução é *ter uma falta*, ou *ter uma falha*. Em bom português, a pessoa com deficiência é aquela que possui alguma falha, ou aquela a quem falta algo. A palavra *deficiente* não é menos depreciativa: ela é formada por *de + facere* (fazer), ou seja, deficiente *é aquele que não consegue fazer*.[16]

Partindo desse significado, especialmente pela apropriação que o senso comum fez dele, chegamos a um conceito descritivo ainda mais depreciativo, segundo o qual a pessoa com deficiência é vista, classificada e considerada como uma "pessoa anormal".

A discussão acerca da classificação das deficiências e da terminologia adequada considera, explícita ou implicitamente, a existência de uma norma. Vejamos:

> Norma: modelo, padrão; tipo concreto ou fórmula abstrata do que deve ser, em tudo o que admite um juízo de valor.
> Normal: aquilo que é segundo a norma; que é habitual; que é natural."[17]

Assim, uma classificação das deficiências, qualquer que seja, parte, *a priori*, de um corte qualitativo que separa deficientes e não-deficientes a partir de uma *norma*, a partir de um *padrão*. Obedecendo a esse princípio, temos dois grupos: as pessoas (consideradas) normais e as (consideradas) anormais.

---

[16] Alves, 2003, p. 35.
[17] Ferreira, 1999 (O Novo Aurélio Século XXI).

Ainda dentro desse mesmo princípio, podemos deduzir que o grupo dos chamados "anormais" apresenta algum tipo de anomalia. Esta é a lógica mais óbvia, por mais que haja falsos pudores tentando desvincular as deficiências das anomalias devido ao caráter teratológico ou monstruoso atribuído às anomalias. Dessa forma, tenta-se fazer "arranjos", com "ressalvas" incabíveis à luz da etimologia. Ora, os termos *norma*, *normal*, *deficiência*, *anormal* e *anomalia* são conexos, e deveriam, por isso, ser considerados em conjunto quando se pretende conceituar ou se referir à deficiência. Isso, de fato, não acontece quando se afirma (verbalmente ou sob a proteção de alguma "classificação") que uma pessoa com deficiência foge ao modelo físico de homem padrão – ou de homem "normal" –, mas há um explícito desconforto ao se afirmar que a pessoa com deficiência, efetivamente, não é uma pessoa normal. E se a deficiência não é uma condição normal, logo ela é (ou deveria ser) uma anomalia; mas, em se admitindo que ela é uma anomalia, não poderemos negar que ela, a deficiência, é uma monstruosidade.

Um trabalho que aprofunda esta discussão com uma consistência irretocável é *O normal e o patológico*, de Georges Canguilhem.[18] O autor busca na etimologia elementos que possam esclarecer a confusão estabelecida entre os termos *anomalia* e *anormal*: o termo *anomalia* vem do grego (*an + omalos*) e significa desigualdade, aspereza; *omalos* é aquilo que é uniforme, regular, liso e *an-omalos* designa o que é desigual, rugoso ou irregular, referindo-se mais apropriadamente à topografia de um terreno. O autor argumenta que:

> O *nomos* grego e o *norma* latino têm sentidos vizinhos, lei e regra tendem a se confundir. Assim, com todo o rigor semântico, anomalia

---

[18] Canguilhem, 1978.

designa um fato, é um termo descritivo, ao passo que anormal implica referência a um valor, é um termo apreciativo, normativo, mas a troca de processos gramaticais corretos acarretou uma colusão dos sentidos respectivos de anomalia e de anormal. Anormal tornou-se um conceito descritivo e anomalia tornou-se um conceito normativo (Canguilhem, 1978, p. 101).

A anomalia é um fato biológico, conforme afirma o autor. E nesse sentido, acrescentamos que a deficiência também o é, com base no sentido grego de *an-omalos* como desigual... diferente, portanto. Ou seja, a deficiência é um fato biológico de diferenciação física ou funcional; uma pessoa com deficiência é, portanto, uma pessoa com uma diferença funcional. Aplicado ao coletivo – e considerando que as deficiências são muitas e diferentes entre si –, pessoas com deficiência são, portanto, pessoas com diversidade funcional.

A partir desse enfoque, o homem/mulher normal é um indivíduo normativo, um ser capaz de instituir novas normas, mesmo orgânicas.[19] Se este indivíduo normal adquire uma deficiência, sua normalidade em nada será afetada, mas, inevitavelmente, será testada. Conviver com uma deficiência é uma demonstração de que, mesmo após contrair a deficiência, esse homem/mulher normal continua "capaz de instituir novas normas, mesmo orgânicas", exatamente conforme descreveu Canguilhem. As novas normas instituídas pelo homem/mulher normal, a partir de uma deficiência, podem ser observadas no funcionamento do organismo, nas atividades cotidianas, num "fazer diferente", como a linguagem visual dos surdos, a leitura tátil dos cegos ou as compensações musculares e funcionais dos paraplégicos, etc. A construção teórica de Canguilhem (1978) é

---

[19] Canguilhem, 1978, p. 109.

confirmada pela argumentação de Oliver Sacks (1997); as afirmações dos autores acerca da doença, sem qualquer prejuízo lógico ou teórico, aplicam-se perfeita e coerentemente à deficiência, embora, é preciso deixar claro, deficiência e doença são condições e experiências distintas.

De acordo com Canguilhem (1978),

> A noção de doença exige, como ponto de partida, a noção de ser individual; (...) a doença passa a ser uma experiência de inovação positiva do ser vivo e não apenas um fato diminutivo ou multiplicativo. (...) A doença não é uma variação da dimensão da saúde; ela é uma nova dimensão da vida (Canguilhem, 1978, pp. 148 e 149).

Sacks (1997), por sua vez, considera que:

> Uma doença nunca é uma simples perda ou excesso, [pois] existe sempre uma reação, por parte do organismo ou indivíduo afetado, para restaurar, substituir, compensar e preservar sua identidade, por mais estranhos que possam ser os meios (Sacks, 1997, p. 20).

As tentativas de conceituação da deficiência, assim como a criação da Classificação Internacional de Deficiências, buscavam atender inicialmente a uma necessidade da medicina, daí o envolvimento da OMS na questão. Para a medicina sempre foi importante trabalhar com "uma definição clara e hierarquizada das deficiências e suas respectivas limitações",[20] pois, partindo dessa definição, a própria medicina, assim como a reabilitação e a seguridade social, podem (ou pretendem) dar conta de algumas questões supostamente geradas pela deficiência em seus respectivos campos de atuação: questões conceituais e terapêuti-

---

[20] Amiralian et al., 2000.

cas específicas da medicina e específicas da reabilitação; questões jurídicas, econômicas e sociais, específicas da seguridade social. Para as pessoas com deficiência, muito pouco – ou nada – se acrescentou, se levarmos em conta a sua imagem social, a condição de vida e o (des)valor com o qual a deficiência ainda é avaliada.

A conceituação de deficiência adotada atualmente, assim como a Classificação Internacional de Deficiências em vigor, se transformaram num parâmetro, num instrumento que funciona explicitamente como um aferidor de diferenças. E ao identificar certas diferenças indesejáveis, o mesmo instrumento funciona implicitamente negando a potencialidade, desconsiderando o desempenho e comprometendo o *status* daqueles indivíduos marcados por alguma diferença considerada indesejável. A discussão permanece em aberto no plano teórico e acadêmico.

No plano prático – dimensão que só pode existir na vida cotidiana – está a área de deficiência, com sua liderança, seus pensadores, analistas, críticos e formadores de opinião, todos fundamentados na experiência vivencial e direta com a deficiência. A conceituação e a terminologia são discutidas pela área de deficiência que, por sua vez, também teoriza, mas com finalidade essencialmente prática.

Para a área de deficiência sempre estiveram claros os aspectos negativos, discriminatórios, limitados e contraditórios da terminologia em uso. Em termos práticos, a terminologia responsabiliza diretamente a pessoa pela sua condição física ou orgânica, ao mesmo tempo em que isenta a sociedade e o ambiente de qualquer responsabilidade, apesar de sua generalizada falta de condições para integrar plenamente a todos. Ironicamente, as pessoas com deficiência tornam-se limitadas exatamente naqueles pontos em que a sociedade e/ou o ambiente são excludentes em relação à diversidade funcional. A responsabilidade recai sobre a pessoa com deficiência quando se espera – ou, se exige! – que ELA se reabilite, se "normalize", se adapte a uma sociedade que, de fato, foi construída apenas para alguns.

Conscientes de que a linguagem produz, modifica e orienta o pensamento, algumas organizações da área de deficiência têm investido em novos termos, com o intuito de implantar uma nova concepção acerca da condição a que nos referimos até aqui como deficiência. O primeiro passo com vistas a essa profunda mudança foi dado com a proposição da expressão Diversidade Funcional,[21] apresentada em um Fórum de Vida Independente, em janeiro de 2005, na Espanha. Surge, assim, a designação *"mulheres e homens com diversidade funcional"*, para designar a condição habitualmente conhecida como deficiência.

A proposta dos espanhóis é substituir termos pejorativos como deficiência, incapacidade e invalidez etc., por diversidade funcional. A deficiência de uma pessoa torna-se, assim, uma diferença funcional, ou diferença orgânica; coletivamente, diversidade funcional refere-se às pessoas que funcionam de forma diferente. Nas outras terminologias, de forma direta ou indireta, os termos, sem exceção, indicam que uma pessoa funciona mal, não funciona, é incapaz de funcionar etc., destacando os aspectos negativos como se fossem inerentes àquela condição.

Pela primeira vez, em toda a história da deficiência, dispomos de uma terminologia que não ressalta as limitações, pois não está baseada no padrão de normalidade proposto pela medicina. A nova terminologia pretende eliminar o aspecto negativo dos termos conhecidos, ao mesmo tempo em que reafirma a essência da diversidade humana e contribui efetivamente para a construção de uma imagem social digna e coerente das pessoas com diversidade funcional.

---

[21] Palácios e Romañach, 2006, pp. 27, 33, 34, 102, 104 e 110.

CAPÍTULO 3
Entre perspectivas e recortes

A deficiência é, sem dúvida, um fenômeno de interesse multidisciplinar. Esta característica é claramente percebida tanto no cotidiano quanto no plano teórico, ou acadêmico. Saúde e educação talvez sejam as áreas apontadas como as maiores interessadas no assunto, mas esta indicação precipitada e óbvia está longe de esgotar a realidade. A deficiência, de fato, atrai a atenção de uma variada lista composta por pesquisadores, profissionais, empresários, comerciantes, prestadores de serviços, ativistas, formadores de opinião e, claro, curiosos de todos os tipos. Há, assim, uma variedade de pontos de vista e, conseqüentemente, uma diversidade de perspectivas produzidas a partir de diferentes olhares voltados para o mesmo objeto. No plano teórico, os chamados "Modelos Explicativos" da deficiência buscam ordenar essa diversidade de interesses com o intuito de compreender e explicar a deficiência a partir de um enfoque específico. Dessa forma, entendemos ser mais apropriado para o nosso objetivo designá-los não como modelos, mas como perspectivas.

Neste capítulo, abordamos a deficiência a partir de três diferentes perspectivas: a religiosa, a médica e a sociocultural. Ao se levar em conta aspectos históricos ou cronológicos, somos induzidos a pensar que a perspectiva religiosa é anterior à médica, e esta, anterior à sociocultural. Esse formato rígido limitaria

56 ANATOMIA DA DIFERENÇA

nossa compreensão, como se as diferentes abordagens fossem construções teóricas lineares, estanques, ou mesmo antagônicas. De fato, nenhuma abordagem, ou perspectiva, existe ou vigora isoladamente. Daí nossa preferência por lidar com as diferentes perspectivas como dimensões que se entrecruzam influenciando os mais diferentes olhares voltados para a deficiência. Destacamos, a seguir, três perspectivas que facilitam nossa compreensão e apuram nosso senso crítico acerca daquilo que se construiu em torno da deficiência.

A PERSPECTIVA RELIGIOSA

Na atualidade vários fatores são apontados como causadores de deficiência. Os níveis estarrecedores de violência urbana, os acidentes automobilísticos e os acidentes de trabalho, entre outros fatores, aparecem com freqüência como agentes causadores de deficiências. Apesar de tantos agentes contemporâneos favorecerem a manutenção das estatísticas sobre o tema, a ocorrência de deficiências na Antigüidade provavelmente era bem maior que nos dias atuais. Vários fatores poderiam sustentar essa hipótese, todavia nada se pode afirmar efetivamente a esse respeito tendo em vista a pouca importância (talvez nenhuma...) dada às pessoas com deficiência nas sociedades antigas. Não havia registros, censos apurados, nem mesmo as projeções estatísticas que só se desenvolveram muito mais tarde. Por outro lado, não há qualquer dúvida sobre os agentes causadores de deficiências, como as freqüentes batalhas disputando território e comida, as condições de higiene e saúde absurdamente precárias, sem nenhuma informação sobre o contágio de doenças, o que compõe um cenário favorável para um índice elevado de pessoas com deficiência.

Acredita-se que as doenças e deficiências eram fenômenos perturbadores para as sociedades e religiões primitivas. Os grupos envolvidos em tais experiências buscavam explicações para o surgimento das doenças e das deficiências, da mesma forma que buscavam explicações para as curas e também para a morte.[1] As explicações mais acessíveis às culturas primitivas eram de cunho sobrenatural, tendo em vista o fato de que os padrões culturais antigos eram fortemente influenciados por mitos e crenças. Qualquer acidente ou incidente que pudesse acontecer a alguém deveria ser catalogado de acordo com os princípios ativos envolvidos no âmbito de sua cultura particular; e nesse universo cultural simbólico as condições físicas, assim como certas palavras ou atos, são capazes de desencadear cataclismos, dependendo da gama de poderes e perigos que uma determinada cultura reconhece.[2]

Alguns autores[3] ressaltam que entre as sociedades e religiões da Antigüidade era comum atribuir causas sobrenaturais não apenas às doenças, mas aos fatos diversos que faziam parte da vida das pessoas ou do grupo social. Em se tratando de deficiências e doenças, tais ocorrências poderiam ser naturalmente associadas a certa mágica hostil, ou à violação de determinado tabu, ou ainda à ação de espíritos maléficos ou benévolos. A figura de um sacerdote, um xamã, ou feiticeiro era imprescindível nesse processo e cabia a ele, influenciado por bons espíritos, a incumbência de identificar as causas e estabelecer a magia ou o ritual adequado para eliminar o mal.

A pesquisa em livros como a Bíblia – texto religioso que inspira e fundamenta a cultura judaico-cristã – demonstra que em torno das deficiências, e algumas doenças em particular,

---

[1] Scliar, 1999.

[2] Douglas, 1976, p. 15.

[3] Clapton e Fitzgerald, 2002; Kilpp, 1990; Scliar, 1999; Telford e Sawrey, 1977.

havia crenças e rituais específicos. A deficiência era considerada como um castigo ou maldição e o contato com pessoas com deficiência era evitado, às vezes proibido por rigorosas leis religiosas e sociais. O costume de se interpretar as doenças e deficiências como castigo de Deus teria suas raízes nas religiões vizinhas de Israel.[4] Indiretamente pode-se inferir que muitos costumes descritos nos textos bíblicos teriam sido absorvidos de outros povos e religiões com os quais Israel teve contato antes da conquista de Canaã, por volta de 1250-1200 a.C.[5] Tais dados ampliam as informações sobre crenças, rituais, leis e atitudes frente à deficiência para além das fronteiras culturais judaico-cristãs.

Um aspecto singular que marca a perspectiva religiosa da deficiência é a noção de pecado-santidade, pureza-impureza, bem-mal, motivando e sustentando todas as atitudes e conceitos ligados à deficiência. O estado físico de uma pessoa era visto como resultado de alguma influência do demônio, ou de maus espíritos, de bruxaria, ou mesmo de um castigo de Deus.[6]

Nas religiões antigas, cabia ao sacerdote identificar a causa e estabelecer o ritual que eliminaria o mal. Entre os hebreus havia uma prática semelhante, o que pode ser exemplificado com o "ritual de purificação do leproso", que incluía um sacrifício de reparação pelo pecado.[7] É importante ressaltar que a lepra mencionada nos textos bíblicos dificilmente seria a hanseníase da atualidade. Embora houvesse a ocorrência de lepra propriamente dita, outras doenças da pele também eram chamadas de lepra.[8]

---

[4] Kilpp, 1990.

[5] Bright, 1980; Fohrer, 1982.

[6] Clapton e Fitzgerald, 2002.

[7] Kilpp, 1990; Levítico 13.1-8.

[8] Comentário em nota de rodapé da Bíblia de Jerusalém, referente ao texto sobre o ritual de purificação do leproso, no livro de Levítico 13.1-8.

O ritual de purificação possuía um caráter simbólico, voltado para a reparação do pecado; entretanto, as seqüelas deixadas pela lepra e outras doenças da pele tornavam o indivíduo literalmente marcado por uma deformidade física, ou com manchas em seu corpo. Em outras palavras, ele permanecia diferente dos demais, numa sociedade que costumeiramente associava qualquer marca ou deformidade no corpo com algum pecado ou maldição.

A deficiência aparece nos textos bíblicos como conseqüência das freqüentes batalhas e guerras; além das mutilações resultantes dos embates corpo-a-corpo, era comum na Antigüidade cegar prisioneiros de guerra, como ocorreu com Sansão.[9] Há também relatos de deficiências causadas por acidentes, como a de Mefiboset, que adquiriu uma deficiência ao cair do colo de sua ama.[10] Há ainda as deficiências ou doenças cuja ocorrência é atribuída diretamente a um castigo divino, como a lepra de Miriã, irmã de Moisés.[11] O texto bíblico apresenta várias referências nas quais a deficiência é mencionada como castigo, ou com alguma conotação sobrenatural. Entretanto, há também uma série de leis de proteção às pessoas com deficiência, inclusive já separadas por categorias, como a lei de proteção aos cegos, a lei de proteção aos surdos, aos aleijados.[12]

O trabalho de Mary Douglas (1976) apresenta elementos importantes para o aprofundamento da discussão acerca das atitudes sociais e religiosas frente às deficiências. Conforme a autora, "a reação à sujeira é contínua com outras reações à ambigüidade ou anormalidade". Essa analogia da autora abrange a

---

[9] Sansão foi um guerreiro dos Israelitas, cegado após ser capturado pelos filisteus: Juízes 16.21.

[10] Mefiboset adquiriu uma deficiência nos pés, provavelmente uma deformação: II Samuel 4.4.

[11] Miriã contraiu lepra, como castigo por ter falado contra Moisés: Números 12.1-15.

[12] Kilpp, 1990.

deficiência em todas as suas formas de manifestação, tendo em vista a sua condição de anormalidade ou desvio. Douglas também sugere que as idéias sobre contágio poderiam ser entendidas como uma reação à anomalia, pois, uma vez reconhecida, uma anomalia produzia ansiedade, incomodava, devendo, por isso, ser suprimida ou evitada. Dessa forma, as práticas de purificação, demarcação e punição de transgressões teriam como função impor alguma sistematização numa experiência inerentemente desordenada.[13]

No cenário bíblico a ocorrência de alguma deficiência sempre entra em choque com a idéia de santidade como integridade, conforme desenvolvida por Douglas.[14] As deformidades físicas, as anomalias e as seqüelas em geral quebravam uma espécie de padrão de integridade, ferindo indiretamente a idéia de santidade representada objetivamente pela noção de integridade física.

> Admitido que [a raiz de sagrado] significa estar separado, a idéia que emerge a seguir é a do Sagrado como integridade. A maior parte do Levítico é dedicada a enfatizar a perfeição física requerida das coisas apresentadas no templo e das pessoas que dele se aproximam. Os animais oferecidos em sacrifícios não devem ter defeitos, as mulheres devem ser purificadas depois do parto, os leprosos devem ser separados e ritualmente limpos antes de que se lhes permitam se aproximar deles, uma vez curados (Douglas, 1976, p. 67).

É importante considerar os efeitos que essa concepção de sagrado produziu no grupo social. A idéia de santidade foi dada, numa expressão externa, à totalidade do corpo físico visto como um perfeito recipiente para a santidade. Esse conceito de santidade tornou-se de tal forma arraigado na cultura, que em torno

---

[13] Douglas, 1976, pp. 15-16.
[14] Douglas, 1976, pp. 67-74.

dele muitas crenças e preconceitos se desenvolveram. Nos séculos posteriores observou-se uma gama de atitudes preconceituosas e cruéis em relação às pessoas com deficiência, transformando o contexto da deficiência em algo desumano e hostil.

A influência das antigas práticas religiosas no trato com a deficiência atravessou os séculos e pode ser percebida mesmo na atualidade, quando a ocorrência da deficiência desencadeia um longo e doloroso sentimento de culpa. A idéia de deficiência como conseqüência de pecado sustenta esse sentimento de culpa que já era comum na era pré-cristã, num cenário fortemente influenciado pela crença de que o pecado dos pais, ou antepassados, poderia resultar numa deformidade física nos filhos. Um registro claro desse questionamento acerca da culpa pode ser encontrado no Evangelho de João, quando diante de um homem com cegueira congênita os discípulos perguntam a Jesus Cristo: *"Mestre, quem pecou, ele ou seus pais, para que nascesse cego?"*.[15] Ao se estudar a deficiência hoje, ao lidar profissionalmente com as famílias de pessoas com deficiência, os profissionais se deparam com questionamentos muito parecidos, numa clara demonstração de que as deficiências, assim como algumas doenças, muitas vezes são associadas a algum castigo por algo que se fez ou se deixou de fazer.[16]

A influência das interpretações místicas e sobrenaturais da deficiência atravessou os séculos. Embora as explicações fundamentadas em crenças religiosas tenham sido substituídas por explicações objetivas e racionais, ainda hoje a influência religiosa é clara, seja na formulação e internalização da culpa, seja na segregação – hoje mais sutil, mas iniciada na Antigüidade por questões religiosas –, seja na expectativa por milagres, ou mesmo nas

---

[15] Evangelho de João 9.1-3.
[16] Kovács, 1997, p. 97.

relações sociais em que as pessoas com deficiência são vistas como carentes de algum tipo de ajuda, ou como alvo de uma caridade camuflada de gentileza e benevolência.

A perspectiva religiosa identifica dois grandes momentos separados por alguns séculos e marcados por diferentes atitudes frente às pessoas com deficiência: num primeiro momento a segregação era sumária, com raríssimas exceções. Num segundo momento, estas mesmas pessoas passaram a ser consideradas angelicais, possuidoras de aspectos superiores à condição humana, refletindo inclusive o sofrimento de Jesus Cristo, podendo até mesmo abençoar os outros.[17]

A concepção religiosa foi hegemônica até o Iluminismo e a Revolução Industrial. Mas há, na atualidade, comportamentos e sentimentos muitos semelhantes aos observados no passado, conforme o relato de Cardoso (2003), a partir de uma pesquisa de campo com crianças com síndrome de Down. A autora comenta as frases registradas em seu caderno de campo, traduzindo o sentimento e a percepção das famílias daquelas crianças: *"Ela é a luz da minha vida"*; *"Deus nos mandou esse anjo"*. Cardoso comenta que:

> Anjos [são] expressões que indicam claramente o tipo de construção social da criança com síndrome de Down (...). Um anjo não é um ser normal, [mas] um arauto de boas-novas. A metáfora do anjo é, pois, uma metáfora de defesa e compensação para o sentimento sentido e testemunhado (Cardoso, 2003).

Outro trabalho que também demonstra de forma contundente a força da concepção religiosa na atualidade foi elaborado por Diniz (1996). Em seu artigo, a autora apresenta a expectativa

---

[17] Clapton e Fitzgerald, 2002.

de pacientes e familiares de crianças com paralisia cerebral que recorrem à Rede Sarah:

> [Eles] esperam que a medicina novamente volte a estar ligada à magia, pois este seria, hoje, o único caminho para a tão esperada cura. (...) Esperam-se verdadeiros milagres. (...) O Hospital Sarah, ao menos para estas famílias e pacientes, é como um templo onde as pessoas vem em busca de milagres que a medicina insiste em afirmar-lhes serem impossíveis de produzir (Diniz, 1996).

Na perspectiva religiosa a deficiência é apresentada como um peso, como uma cruz, e ainda hoje a Igreja utiliza essa metáfora, como pode ser visto num documento da Conferência Episcopal Portuguesa, divulgado em 2003, que recomenda aos bispos católicos portugueses que:

> Estimulados pela caridade pastoral, inspirada na mensagem evangélica, apelamos aos fiéis católicos e a todos os homens e mulheres de boa vontade a que, pelos meios ao seu alcance, se empenhem na prevenção, recuperação e inserção social das pessoas com deficiência.

Para as pessoas com deficiência, o mesmo documento deixa a seguinte mensagem: "Exortamos [às pessoas com deficiência] a abraçar a cruz da vida". Vale lembrar que a cruz foi usada no passado como instrumento de suplício, de tortura. Nela eram amarradas ou pregadas pessoas condenadas à morte, tornando-se, assim, um símbolo de aflição e infortúnio. Embora ela também seja um símbolo de redenção para os cristãos, sempre que aparece como metáfora referindo-se à deficiência, a idéia é de peso, infortúnio, humilhação e castigo.

Algumas práticas religiosas contemporâneas reproduzem de forma explícita idéias, crenças e rituais usados no trato com a deficiência no passado. Trata-se de alguns grupos neo-pentecostais brasileiros, oriundos de uma eclosão de novas igrejas instituídas nas últimas décadas. Para tais grupos, as deficiências, assim como as doenças, são explicitamente consideradas como fruto da ação do demônio sobre as pessoas. Influenciadas por essa crença, pessoas com deficiência são submetidas a humilhantes rituais públicos de cura e exorcismo, como se realmente estivessem possuídas pelo demônio. A culpabilização da pessoa com deficiência é igualmente reproduzida, pois a não ocorrência do milagre é atribuída exclusivamente a uma "falta de fé" por parte daquele que busca o milagre. Há pessoas de diferentes perfis social, econômico e financeiro que se submetem a estes rituais – independentemente do seu custo emocional e financeiro – à espera de uma cura para situações consideradas irreversíveis, como a paralisia cerebral e a síndrome de Down, o que representa uma evidência da forte influência das antigas concepções e crenças acerca da deficiência.

A PERSPECTIVA MÉDICA

A perspectiva médica tem sido apontada como substituta das antigas concepções religiosas. Esta tendência, conforme entendemos, limita nossa percepção da deficiência especialmente por se tratar de um enfoque linear, ou cronológico. Basta que nossa atenção repouse sobre a pessoa com deficiência, sua vida e seu cotidiano, para compreendermos que as perspectivas religiosa e médica estão claramente imbricadas, pois há no paciente uma fé – às vezes no sentido religioso do termo – tão significativa quanto aquela observada no doente que buscava alívio junto a um sacerdote, um feiticeiro ou a um xamã. Este, por sua vez, era reconhecido e respeitado, suas palavras possuíam um caráter de verdade, o que resultava num poder e numa influência absolutos na vida do indivíduo e da comunidade, algo muito semelhante à autoridade médica, regida por parâmetros racionais e científicos, mas tão respeitada quanto a autoridade dos sacerdotes e xamãs no passado.

A atividade médica costuma ser chamada de "sacerdócio" e essa designação lírica não acontece por acaso. Há uma proximidade entre os dois campos, conforme observam alguns autores.[18] Religião e medicina em regra são consideradas periféricas uma da outra, ao passo que espiritualidade e cuidado clínico possuem uma origem comum. Do ponto de vista sociológico, é possível demonstrar que a terapêutica, antes de se tornar um procedimento médico, foi, na verdade, uma atividade religiosa, mágica.[19]

A concepção religiosa da deficiência começou a perder força quando as explicações sobrenaturais passaram a ser confrontadas com novas argumentações que situavam a deficiência e suas causas numa dimensão mais humana, ou orgânica, a exemplo da contribuição dos médicos Cardano e Paracelso, nomes mencionados anteriormente, cuja abordagem da deficiência mental questionava a crença em sua origem sobrenatural, tratando-a como uma doença.

A partir do século XVI as deficiências deixaram de pertencer exclusivamente ao campo religioso e sobrenatural para tornar-se objeto de uma medicina em franca expansão. Entretanto, houve um longo período de transição no qual ainda prevaleciam as antigas explicações religiosas. "[Na Idade Média] as deficiências passaram a ser identificadas, porém não podiam

---

[18] Canguilhem, 1978; Culliford, 2002.

[19] Canguilhem, 1978; Culliford, 2002.

ser tratadas por razões físicas e sobrenaturais. Por influência da Igreja [as pessoas com deficiência ainda] eram consideradas produtos do pecado e do demônio" (Ross, 1998, pp. 57-58).

O avanço da medicina modificou profundamente a concepção de deficiência. Essa nova abordagem começou a ganhar importância num período em que a Igreja ainda detinha e impunha a palavra final sobre o corpo, a saúde e as deficiências. A influência das teorias de Newton e a visão mecanicista do universo resultaram numa nova forma de olhar o mundo, o homem, o corpo e as deficiências. O conceito de corpo foi influenciado por essa mesma visão de mundo e ele passou a ser considerado e tratado como uma máquina. A partir dessa abordagem, as deficiências ou excepcionalidades eram interpretadas como uma disfunção em alguma parte dessa máquina chamada corpo.[20] Esse é o contexto em que foi idealizado o padrão de normalidade da medicina. Submetida ao crivo desse padrão de normalidade, a deficiência, qualquer que fosse, passou a ser definida, rotulada e tratada como uma disfuncionalidade, um desvio, uma anormalidade.[21]

Sob essa perspectiva, o indivíduo com deficiência passou a ser visto como tendo um problema que precisa ser resolvido. Alguns autores[22] argumentam que ao se considerar a pessoa com deficiência como possuidora de um problema, uma ênfase exacerbada recai sobre sua dependência e limitações, reduzindo sua vida a um prognóstico médico. A partir dessa interpretação da deficiência, intervenções médicas procurariam desenvolver no paciente as habilidades necessárias para se reabilitar. Submetido ao processo de reabilitação, o paciente seria então "restaurado à normalidade", ou ao mais próximo possível dela.

---

[20] Bianchetti, 1998.

[21] Bianchetti, 1998; Marques, 2001; Silva e Dessen, 2001.

[22] Amiralian et al., 2000; Clapton e Fitzgerald, 2002.

Muitas críticas têm sido apresentadas a essa conduta e ao padrão de normalidade imposto por ela: "Numa cultura altamente influenciada pelo padrão de normalidade desenvolvido pela medicina – que acredita que o corpo pode ser objetivado e controlado –, todos aqueles que não conseguem controlar seus corpos são vistos como fracassados e incapazes" (Clapton e Fitzgerald, 2002).

O padrão de normalidade disseminado pela medicina passou a ser um valor para todos, mas as pessoas com alguma deficiência parecem ser mais prejudicadas pelo ideal de normalidade que os demais indivíduos:

> O fato de ser "normal" ainda é muito importante para se conseguir um emprego, ou conquistar a independência, o que mostra que o papel da medicina na vida da pessoa com deficiência permanece extremamente significante.(...) A publicidade da reabilitação (como, por exemplo, cirurgias e equipamentos diversos) tem como meta 'normalizar' a pessoa com deficiência, no comportamento e na aparência, o que demonstra a concepção médica acerca das necessidades da pessoa com deficiência (Finkelstein, 1990).

A perspectiva médica reforçou a discriminação da deficiência, observada anteriormente, durante a influência da perspectiva religiosa. Antes, a motivação era da ordem do sobrenatural e o padrão era baseado em binômios maniqueístas, como puro-impuro, sagrado-profano, bem-mal, etc. Os parâmetros da perspectiva médica trouxeram uma versão maniqueísta ainda mais contundente, uma vez que a base, desta feita, não era mais um mistério, ou algum valor religioso ou sobrenatural acerca do qual caberia alguma divergência, descrença ou dúvida. O oxigênio da perspectiva médica é a razão, o conhecimento objetivo e racional, o que atribui ao padrão de normalidade um caráter de verdade referendado e legitimado pela ciência. A medicina é a área da ciência que prescreve os parâmetros da normalidade; e uma vez constatada a privação ou a irreversibilidade de um elemento biológico, atribui-se ao indivíduo uma série de incapacidades e limitações.[23]

A discriminação da deficiência dentro da perspectiva médica é abordada direta ou indiretamente por vários autores.[24]

> [A medicina tem reconhecido] a discriminação de gênero e de raça no seu campo de atuação, mas não tem dado a mesma importância à discriminação da deficiência. (...) Os elementos que a sociedade impõe à deficiência não são incluídos nos debates de saúde pública. (...) Situar os problemas da deficiência na sociedade facilitaria a diminuição da discriminação. (Carter e Markhan, 2001).

No período pós-iluminista e pós-revolução industrial, a concepção médica da deficiência já estava "cientificamente" determinada. A partir daquele momento a deficiência passou a ser considerada e tratada como um sofrimento físico, concepção fundamentada predominantemente no discurso médico e científico, bem como na prática nele inspirada. Essa concepção produziu uma imagem negativa da pessoa com deficiência aos olhos do mercado de trabalho, cujo carro-chefe naquele momento era a industrialização crescente. A deficiência, conseqüentemente, passou a ser considerada como força morta,[25] imprópria para as demandas daquele mercado de trabalho.

A perspectiva médica aborda a deficiência com os mesmos referenciais teóricos e práticos com que aborda a doença.

---

[23] Ross, 1998, p. 8.

[24] Amiralian et al., 2000; Carter e Markhan, 2001; Clapton e Fitzgerald, 2002.

[25] Clapton e Fitzgerald, 2002.

Ambas, pessoa doente e pessoa com deficiência, são vistas e tratadas como desviantes, pois não atendem às exigências do padrão de normalidade. Ora, deficiência e doença são condições distintas, cuja manifestação implica também desdobramentos distintos. Em termos práticos, a abordagem médica confunde deficiência com doença e parece ignorar que a saúde das pessoas com deficiência não têm necessariamente algo errado precisando ser corrigido.[26] Em algumas situações específicas a deficiência pode surgir em decorrência de uma doença (seqüela), ou mesmo estar associada a alguma doença, mas tecnicamente, a deficiência não é uma doença.

Outro aspecto ignorado pela abordagem médica diz respeito à singularidade da deficiência. A medicina deixa a desejar nesse aspecto também em relação à doença, dando pouca ou nenhuma importância à singularidade do adoecimento, ignorando que cada pessoa vive a doença de forma diferente, que cada paciente é ímpar em sua relação com a doença.[27] O mesmo raciocínio pode ser aplicado à dor, que clinicamente é um fato óbvio, porém a forma como ela é sentida é essencialmente pessoal e subjetiva.[28] Por extensão, é perfeitamente cabível a aplicação dos mesmos princípios às deficiências: cada pessoa convive de forma estritamente pessoal e singular com sua deficiência.

A produção teórica sobre o adoecer e sobre a relação estabelecida entre médico e paciente pode ser ricamente aproveitada para fundamentar as considerações e as críticas acerca da perspectiva médica da deficiência.

> A formação médica é intensamente voltada para aspectos que se referem à anatomia, à patologia, à clínica, desconsiderando a história da

---

[26] Oliver, 1998.

[27] Caprara, 2003; Castiel, 1994.

[28] Caprara, 2003; Castiel, 1994.

pessoa doente, o apoio moral e psicológico. (...) Além do suporte técnico-diagnóstico, se faz necessário uma sensibilidade para conhecer a realidade do paciente, ouvir suas queixas e encontrar, junto com o paciente, estratégias de vida que facilitem sua adaptação ao estilo de vida exigido pela doença (Caprara e Franco, 1999).

Ao discutir a relação médico-paciente, alguns autores[29] destacam a necessidade de se adequar as intervenções clínicas considerando o paciente como sujeito, valorizando sua experiência com a doença – e, por extensão, com a deficiência –, bem como suas percepções como paciente – também por extensão, como portador da deficiência. Para se implementar esse novo padrão de intervenção clínica, seria necessário apurar a sensibilidade e a capacidade de escuta do médico de modo a não ficar restrita apenas à dimensão biológica do sujeito.

Ao determinar quem são os indivíduos desviantes, o padrão de normalidade acabou por incluir todas as pessoas com deficiência em um mesmo grupo. Ora, a deficiência é concretamente singular tanto em sua manifestação, como na percepção que o indivíduo tem dela. Ao longo das últimas décadas os movimentos de pessoas com deficiência em todo o mundo têm questionado esse conceito de normalidade, assim como a condição de desviante imposta às pessoas com deficiência. No âmbito médico, o padrão de normalidade e a condição de desviante persistem como conceito e como prática; mas, como resultado dos movimentos de luta, a deficiência tem sido redefinida em termos positivos,[30] o que representa um salto histórico sem precedentes.

A produção teórica acerca da relação médico-paciente ganha uma dimensão de suma importância quando se discute a

---

[29] Caprara e Franco, 1999; Caprara, 2003.

[30] Finkelstein, 1990.

deficiência. Doença e deficiência são condições distintas, singulares em sua natureza, mas muito semelhantes quando submetidas ao crivo do padrão de normalidade que impõe sobre ambas o peso do rótulo de *desviantes*. Quanto à deficiência em particular, tal rótulo pesa ainda mais, dado o seu aspecto crônico, de longa duração, ou mesmo irreversível. Dessa forma, a relação de dependência ou de passividade do paciente em relação ao médico será ainda mais evidente naqueles casos em que, além da doença, o paciente apresenta também uma deficiência.

O que torna delicada a relação médico-paciente e, por extensão, a relação médico-pessoa com deficiência, é exatamente aquele conjunto de fatores situados além dos limites da medicina. Nesse aspecto, os relatos mais ricos e instigantes são dos médicos, quando ocupam, eles mesmos, o lugar do paciente:

> Os médicos que escreveram sobre a experiência da doença que viveram, embora poucos, revelam como a formação médica é intensamente orientada para aspectos que se referem à anatomia, à fisiologia, à patologia, à clínica, desconsiderando a história da pessoa doente, o apoio moral e psicológico. (...) Não significa que os profissionais de saúde tenham que se transformar em psicólogos ou psicanalistas, mas que, além do suporte técnico-diagnóstico, se faz necessário uma sensibilidade para conhecer a realidade do paciente, ouvir suas queixas e encontrar, junto com o paciente, estratégias que facilitem sua adaptação ao estilo de vida exigido pela doença (Caprara e Franco, 1999).

Um relato que ilustra essa discussão é apresentado por Sacks (2003). O autor, um médico que temporariamente ocupou o lugar de paciente, fala com propriedade sobre a relação médico-paciente. O que enriquece ainda mais seu relato é que além de ter experimentado por alguns dias a condição de paciente, o que o levou a esse lugar foi exatamente uma deficiência temporária, causada inicialmente por uma queda, seguida de uma intervenção cirúrgica malsucedida.

Falando como paciente, o autor relata o seguinte:

> Eu me sentia curiosamente impotente (...) e pensei: "então é isso (grifo do autor) que significa ser paciente? Pois bem, sou médico há 15 anos. Agora verei o que significa ser paciente". (...) Meu humor negro me consolou, contrabalançou meus delírios e me ajudou a suportar outras bizarrias da internação. (...) E a essas fantasias grotescas somaram-se as realidades da internação, a sistemática despersonalização que acompanha o tornar-se paciente. Nossas roupas são substituídas por um anônimo camisolão branco, o pulso é cingido por uma pulseira de identificação com um número. Tornamo-nos sujeitos a regras e regulamentos da instituição. Não somos mais agentes livres; deixamos de ter direitos; não estamos mais no mundo em geral. Há uma estreita analogia com tornar-se prisioneiro (...). Deixamos de ser uma pessoa – passamos a ser um recluso (Sacks, 2003, pp. 40 e 41).

Não foi por acaso que sua condição de paciente foi comparada com a condição de um prisioneiro. Conforme relata outro autor, "o surgimento de uma esfera separada de tratamento médico, focado em pessoas com "problemas físicos" distintos, é parte dos mesmíssimos processos que criaram outras organizações carcerárias" (Giddens, 2002, p. 150).

Sacks (2003), nosso médico-paciente, arrisca para si um diagnóstico, mas sua passiva condição de paciente descortina diante dele um horizonte bem diferente daquele visto pelo médico:

> O que parecia, a princípio, ser apenas uma ruptura e um colapso local, periférico, agora se mostrava sob uma luz diferente, e absolutamente

terrível – um colapso da memória, do pensamento, da vontade – não apenas uma lesão em meu músculo, mas uma lesão em mim (Sacks 2003, p. 58).

O médico experiente, na condição temporária de paciente, vivenciou a impossibilidade de andar, de ficar de pé; e experimentou a desconfortável dependência de um colega:

Pela primeira vez desde o acidente eu assumiria, esperava-se, a posição ereta – e a postura ereta é moral, existencial, tanto quanto física. Por duas semanas, por dezoito dias, eu ficara prostrado, reclinado, e isso duplamente – no lado físico, devido à fraqueza e incapacidade de ficar em pé, e no moral, devido à passividade, à postura de paciente – um homem reduzido e dependente de seu médico (Sacks, 2003, p. 115).

A dificuldade de diálogo com o médico também é abordada no texto. O autor relata a sua necessidade em compartilhar com seu médico aquilo que sentia. Como médico, Sacks sabia que algo estava errado, mas suas tentativas de ser ouvido e obter alguma resposta foram todas frustradas. Enquanto esteve naquele hospital, Sacks conversou com todos os pacientes que, como ele, foram submetidos a cirurgia e constatou que eles também tiveram a mesma dificuldade.[31]

Relatos dessa natureza expõem as lacunas da abordagem ortodoxa de saúde, da relação médico-paciente, e, em especial, a lacuna que ainda separa a medicina no seu aspecto teórico e prático do contexto existencial e cotidiano da deficiência e da doença. Apesar das lacunas, é fundamental ressaltar que a medicina aos poucos vai se harmonizando com outros saberes, como as ciências humanas e outros ramos do conhecimento.

---

[31] Sacks, 2003, pp. 139-140.

A perspectiva médica, restrita à dimensão biológica e à prática clínica pura e simples, não alcança a abrangência da deficiência no seu sentido mais amplo. As bases teóricas, bem como a prática terapêutica, serão limitadas e insuficientes, a não ser que haja um amplo diálogo com outros ramos do conhecimento, em cuja pauta os fatores culturais, econômicos e sociais ocupem o mesmo patamar de importância conquistado pelos fatores derivados do saber médico.

A PERSPECTIVA SOCIOCULTURAL

Ao longo das últimas décadas, os escritos e a participação social de pessoas com deficiência têm transformado a compreensão geral acerca dessa condição chamada deficiência. O que se sabia sobre o tema era uma inferência limitada e indireta acerca da natureza da deficiência e daquilo que ela representa para o indivíduo. A presença de pessoas com deficiência nos vários segmentos sociais e nos cenários de produção de idéias foi de suma importância para o desenvolvimento de concepções mais apuradas e livres das antigas idéias, conceitos e atitudes intolerantes com a diferença. Houve, portanto, uma mudança significativa na compreensão da deficiência: a concepção baseada estritamente nas limitações pessoais causadas pela deficiência foi substituída pela compreensão de que as limitações e restrições estão fundamentadas no campo social e são impostas por uma sociedade irracional e desatenta.[32] Deficiência, desde então – e cada vez mais –, tem sido reconhecida como um fenômeno sociocultural multiface, formado e influenciado por aspectos sociais, políticos, culturais e éticos, ao invés de uma questão meramente

---

[32] Oliver, 1998.

médica, física ou pessoal. Essa nova percepção da deficiência motivou questionamentos à concepção e intervenção médicas que pretendem curar ou restaurar o corpo a uma condição de normalidade. Ao invés disso, soluções no campo social, ético e político têm sido propostas para contestar a discriminação e favorecer a inserção das pessoas com deficiência em todos os segmentos sociais.

Numa perspectiva sociocultural o *locus* da deficiência deixa de ser o indivíduo ou o corpo, ou seja, a ordem social, em toda a sua abrangência, está implicada na questão da deficiência. Como condição básica para a compreensão do elo entre o universo social e a questão da deficiência, há que se reconhecer que a ordem social é produzida, criada e não transmitida ou submetida a uma ordem superior.[33] Desta linha de pensamento, surge o conceito contemporâneo de deficiência como uma construção social, fundamentado em bases teóricas que pertencem originalmente às ciências sociais e ciências humanas: "Na dialética entre a natureza e o mundo socialmente construído, o organismo humano se transforma. Nesta mesma dialética o homem produz a realidade e com isso se produz a si mesmo" (Berger e Luckmann, 2004, p. 241).

A perspectiva sociocultural considera, sim, a deficiência, mas esta não é o seu único nem último objeto de análise. Ao contrário, ela contempla o indivíduo, inserido – tal como é! – em uma sociedade com a qual compartilha uma estrutura e uma cultura. A deficiência, antes considerada apenas um infortúnio particular, passou a ser percebida a partir de um amplo contexto em que, além da pessoa com sua deficiência, estão presentes as ações, os códigos, as atitudes, as crenças e os comportamentos

---

[33] Touraine 1998, p. 9.

individuais e coletivos desenvolvidos em torno da deficiência. Nasce, assim, a "cultura da deficiência". Nesse sentido, a deficiência, mesmo a congênita, deixa de ser uma característica inata, ou uma constituição biológica natural, como nos fez crer a medicina. O que há de natural nas deficiências é, de fato, a diversidade funcional, uma condição diferenciada que a cultura apelidou de deficiência.

A medicina social reconhece o contexto social da deficiência. A abordagem desse ramo da medicina considera tanto o ambiente como o indivíduo, daí o reconhecimento de que a deficiência e a desqualificação só podem existir dentro de um contexto social.[34] A desqualificação, supostamente decorrente da deficiência, é, de fato, uma decorrência do contexto social e do ambiente físico por ele estruturado.

Embora o contexto social seja contemplado pela medicina social, a perspectiva médica, conforme estabelecida, parece não prestigiar a medicina social. Esta, por sua vez, tem sido bastante útil às formulações teóricas produzidas acerca da deficiência fora do âmbito médico, pois seu campo de investigação considera aspectos que vão muito além do corpo, como a determinação que o contexto social exerce sobre as doenças e os comportamentos delas decorrentes.[35]

> As perguntas feitas à pessoa com deficiência, quando inspiradas numa perspectiva médica, resultam em respostas que abrangem somente a condição médica, sem nada mencionar acerca das barreiras sociais. As perguntas inspiradas numa abordagem social resultam em questões sobre acessibilidade, educação, transporte, oportunidades de trabalho, qualidade de vida, etc. (Carter e Markhan, 2001).

---

[34] Oliver, 1998.

[35] Oliver, 1998 (Novo Aurélio Século XXI).

Um dos embates entre as perspectivas sociocultural e médica diz respeito à condição de desviante atribuída às pessoas com deficiência pelo chamado Modelo Médico. A idéia de que pessoas com deficiência são desviantes foi, de fato, produzida no âmbito médico, mas sua discussão alcançou a sociologia e a antropologia. Com base nesse conceito, a deficiência era explicitamente apontada como indicadora de inferioridade, conforme se lê no trabalho de Erving Goffman:

> Podem-se mencionar três tipos de estigmas nitidamente diferentes. Em primeiro lugar, há as abominações do corpo – as várias deformidades físicas. Em segundo lugar, as culpas de caráter individual, percebidas como vontade fraca, paixões tirânicas ou não naturais, crenças falsas e rígidas, desonestidade. Finalmente há os estigmas tribais de raça, nação e religião, que podem ser transmitidos através de linhagem e contaminar por igual todos os membros de uma família (Goffman, 1988, p. 14).

O primeiro tipo de estigma mencionado pelo autor abrange toda e qualquer deficiência situada no corpo. À época de sua publicação (em 1963) talvez não fosse desrespeitoso, como o é hoje, referir-se a uma pessoa da forma com que o autor se refere. Dos três tipos de estigma, apenas aqueles situados no corpo são considerados como "abomináveis", ou seja, "que causam horror, detestáveis, execráveis"[36]. Apesar das arestas incompatíveis com a atual noção de cidadania e respeito à pessoa humana (a Declaração dos Direitos da Pessoa com Deficiência foi lançada em 1975, pela ONU, doze anos após a primeira edição do texto de Goffman) o trabalho tem – e não há razão para deixar de ter – seu valor histórico, especialmente para a sociologia e antropologia. Polêmicas à parte, Goffman (1988) sinaliza que a raiz da

---

[36] Ferreira, 1999 (Novo Aurélio Século XXI).

desqualificação das pessoas estigmatizadas está na sociedade e não na pessoa, mas exagera flagrantemente ao responsabilizar a pessoa estigmatizada pelo "gerenciamento" do preconceito social e pela "reeducação" da sociedade:

> Os normais não têm, na realidade, nenhuma intenção maldosa; quando o fazem é porque não conhecem bem a situação. Deveriam, portanto, ser ajudados, com tato, a agir delicadamente. Observações indelicadas de menosprezo e de desdém não devem ser respondidas na mesma moeda. O indivíduo estigmatizado deve não prestar atenção a elas ou, então, fazer um esforço no sentido de uma reeducação complacente do normal, mostrando-lhe, ponto por ponto, suavemente, com delicadeza, que, a despeito das aparências, é, no fundo, um ser humano completo (Goffman, 1988, p. 127).

O autor descreve também o que seria um bom "ajustamento social" da pessoa estigmatizada:

> "Fica, agora, evidente, a natureza do 'bom ajustamento'. Ele exige que o estigmatizado se aceite, alegre e inconscientemente, como igual aos normais enquanto, ao mesmo tempo, se retire voluntariamente daquelas situações em que os normais considerariam difícil manter uma aceitação semelhante" (Goffman, 1988, p. 132).

O que há de mais delicado e fraco na discussão de Goffman (1988) é que sua argumentação coloca em evidência a idéia de que as pessoas com deficiência atraem a estigmatização em virtude da própria condição, ao mesmo tempo em que ignora que o significado dessa condição é, na verdade, um conceito imposto a elas.[37]

Se os indivíduos desviantes são indesejáveis à sociedade, ou se não há espaço confortável para eles na sociedade sem que

---

[37] Creasy, 1999.

se ajustem – se adaptem! – a ela, então, nesse ponto nos deparamos com um problema crucial, qual seja, a relação entre o funcionamento "normal" da sociedade e a plena "normalidade" requerida dos indivíduos que a compõem... Ou seja, da forma como a sociedade está construída e organizada, excluir o diferente, com todos os desdobramentos comuns a essa prática, não é um despropósito, mas uma prática "normal"; conforme declara Goffman (1988), "um bom ajustamento para o indivíduo é ainda melhor para a sociedade" (p. 134).

É inegável o empenho das pessoas com deficiência para "ajustar-se" à sociedade. Esse "ajustamento" não é empreendido porque é melhor para a sociedade, nem porque é bom para as pessoas com deficiência. O ajustamento ocorre por uma questão de sobrevivência: não há alternativa senão adaptar-se. Ainda assim, é notável a dificuldade em se acomodar numa sociedade um grupo tão heterogêneo, com deficiências de tipos e graus tão variados, especialmente quando a sociedade dá tão pouca importância às questões individuais e coletivas das pessoas que colocam em risco o seu funcionamento "normal". "A situação das pessoas com deficiência não pode ser compreendida, trabalhada ou transformada com base em teorias fundamentadas na suposta normalidade ou homogeneidade convencionais" (Oliver, 1998).

Os modelos explicativos desenvolvidos nas últimas décadas são quase unânimes nas críticas ao chamado Modelo Médico. Com isso, todas as fragilidades teóricas e práticas do Modelo Médico têm sido expostas e discutidas. Uma dessas críticas demonstra que o Modelo Médico considera a autonomia e a auto-suficiência como elementos básicos do que se poderia chamar de "condição humana normal" e, a partir desse padrão, pessoas com deficiências física ou cognitiva, limitadas em sua autonomia ou auto-suficiência, são consideradas como portadoras de uma condição que as impede de alcançar alguma realização,

80 ANATOMIA DA DIFERENÇA

alegria, felicidade e prazer, ou desempenhar tarefas comuns à média dos indivíduos. Em outras palavras, julga-se que a vida dessas pessoas seja menos feliz, que tenha menos qualidade, sendo, conseqüentemente, menos desejável.

Em contrapartida, os mesmos críticos insistem que uma pessoa dependente física ou cognitivamente, ou mesmo interdependente, não possui uma vida menos intensa ou viável, se comparada a uma pessoa que seja autônoma e independente. As possíveis diferenças encontradas entre uma pessoa dependente e outra independente são meramente triviais, exceto – e nisso eles são veementes! – quando sobre a diferença incide alguma forma de discriminação e preconceito, ou quando a diversidade funcional se depara com um ambiente físico hostil e uma sociedade despreparada para atender minimamente as necessidades de todos os seus membros. O argumento fundamental e indiscutível para esses teóricos é o seguinte: considerar a independência e auto-suficiência – que são condições inerentemente relativas – como uma norma, reflete, de fato, preconceito, ao invés de refletir a realidade.[38]

> Se autoconsciência, auto-suficiência e autonomia – a possibilidade de escolher desempenhar qualquer atividade sem ser barrado por limites ou obstáculos físicos – são, na melhor das hipóteses, uma fase temporária no curso normal da vida, então as limitações decorrentes da deficiência se transformam não num desvio negativo da norma, mas em algo tão normal quanto a infância ou a velhice. Dessa forma, a suposta competência adulta impede o reconhecimento das restrições físicas e da dependência como normais, e não como um desvio dentro

---

[38] Kock, 2001; Palácios E Romañach, 2006.

do curso da vida. A independência relativa da maioria de nós parece cada vez mais uma condição temporária, uma fase da vida à qual nos dirigimos gradualmente (Kock, 2001).

De fato, é perfeitamente possível atribuir à diversidade funcional uma noção de universalismo, pois ela faz parte da condição humana. Alguns autores[39] insistem que a deficiência é uma condição fluida e contínua, sem fronteiras claras, a que todos indistintamente estamos sujeitos. Por se tratar de uma condição que é vivenciada por todos em algum estágio da vida, deficiência é, conseqüentemente, uma experiência humana "normal". Com este fato devidamente assimilado pela sociedade, o termo "deficiência" e seus correlatos, terão sido pulverizados e definitivamente substituídos por diversidade funcional.

> A diversidade funcional é algo inerente ao ser humano. Em algum momento da vida, de forma direta, indireta, transitória ou definitiva, alcança a todos os seres humanos. (...) A sociedade ignora o fato de que envelhece e que o envelhecimento faz com que mais pessoas [senão todas] apresentem alguma diferença funcional (Palácios e Romañach, 2006, pp. 110 e 185).

O envelhecimento é um exemplo pertinente para a fluidez da diversidade funcional. Curiosamente, esta fase da vida também é rejeitada, haja vista o vigoroso empenho da medicina estética para modificar os traços naturais do envelhecimento. Como a diversidade funcional é do tamanho da humanidade, há uma lista enorme de exemplos incluindo aspectos da vida que são bem mais respeitados que a velhice, como a de uma gestante que naturalmente

---

[39] Clapton e Fitzgerald, 2002; Kock, 2001; Palácios e Romañach, 2006.

protege sua barriga, a mãe que empurra o carrinho de bebê, a pessoa convalescente de uma cirurgia, que se acidentou ou que sofreu algum tipo de fratura, e tantas outras circunstâncias que alteram a forma habitual de "funcionamento" e, conseqüentemente, o desempenho natural de uma pessoa. Se num dado momento pudéssemos somar pessoas com diversidade funcional permanente (aquelas rotuladas como "deficientes") e as demais, que nesse mesmo dado momento apresentam alguma diversidade funcional circunstancial ou transitória, e se repetíssemos a mesma operação todos os dias a fim de apurar a constante renovação do grupo que apresenta uma condição transitória, teríamos, num curto espaço de tempo, a grande maioria da população planetária vivenciando algum tipo de diferença funcional.

A perspectiva sociocultural permite considerar as questões e os problemas das pessoas com deficiência como produto de uma estrutura social ineficiente, que produz desigualdades e segregação em todos os seus segmentos. A partir daí, a solução para as questões e problemas no campo da deficiência são remetidas para ações e mudanças no plano social.

> A título de exemplo, os problemas no transporte público não são causados pela inabilidade ou limitação física de algumas pessoas, mas pelo fato de que os ônibus não são desenhados para receber cadeiras de rodas. Tais "problemas" podem ser "curados" gastando dinheiro, e não com intervenções cirúrgicas, tecnologia assistencial ou reabilitação (Oliver, 1998).

As barreiras físicas, humanas e sociais somam-se assim a um sofisticado mecanismo de exclusão, produzido e reproduzido a partir de uma concepção que restringe a deficiência a uma questão de ordem meramente pessoal. Essa visão limitada e rasa atribui os fracassos da pessoa com deficiência a uma tragédia pessoal, um infortúnio do destino, ao mesmo tempo em que a ausência de fracasso, ou o êxito (qualquer resultado que não seja um fracasso declarado se torna êxito para uma pessoa com deficiência!) é visto como um triunfo heróico sobre as dificuldades pessoais.[40] Essa concepção impede que a pessoa com deficiência seja considerada uma pessoa comum; ela estará sempre "imobilizada" num extremo ou noutro, incorporando ora o arquétipo do coitado, ora o do herói.

Conquistas como educação, emprego, carreira ou transporte público, que muitas pessoas têm garantidas, são vetadas às pessoas com deficiência, ou, no mínimo, há obstáculos entre estas conquistas e a pessoa com deficiência; obstáculos que elas têm que enfrentar sozinhas. Enfatizando deficiência e dependência como questões pessoais, os teóricos tendem a reforçar as barreiras e os mecanismos de exclusão (Oliver, 1998).

As questões levantadas pela perspectiva sociocultural não são novas. De fato, há questões com uma roupagem contemporânea cuja origem remonta aos tempos em que a deficiência era uma condição tratada com a eliminação social sumária. As abordagens religiosa e médica, seguidas de qualquer abordagem mais contemporânea, demonstram que as questões em sua essência são as mesmas, independentemente da época em questão. Ou seja, a exclusão social só varia nos seus mecanismos, assim como a discriminação só muda na sua forma de manifestação. Com esta visão torna-se óbvio que questões como, por exemplo, a acessibilidade – ao meio físico, ao transporte, à informação e comunicação etc. – não são meramente contemporâneas e urbanas. Acessibilidade, de fato, não é apenas aquela rampa física

---

[40] Oliver,1988.

existente em algumas esquinas; acessibilidade é o portal que dá acesso à vida em sociedade, em todos os seus aspectos. No passado este acesso era totalmente obstruído, hoje é parcialmente facilitado.

Tais argumentos apontam para a possibilidade de se compreender a deficiência a partir de uma leitura cultural. A relevância de uma abordagem cultural deve-se à qualidade de suas críticas e argumentos, bem como a sua facilidade de penetração em variados campos teóricos. Algumas teorizações no campo da saúde também favorecem uma abordagem cultural da deficiência. A deficiência, nesse enfoque, é um produto culturalmente determinado a partir do qual a cultura produz significados, símbolos, figuras e metáforas. Cada cultura atribui feições próprias à deficiência.[41] Basta, para tal, observar os impactos da deficiência numa área rural em comparação com uma grande metrópole, ou mesmo a ocorrência da deficiência numa comunidade africana em comparação com o mercado milionário da deficiência nos Estados Unidos. A leitura cultural da deficiência é, sem sombra de dúvidas, uma possibilidade válida, especialmente no que diz respeito à percepção que o indivíduo tem da própria deficiência, independentemente de essa percepção – que é sempre pessoal e singular – ser também influenciada pela cultura.

A partir de uma leitura cultural é possível considerar a deficiência como um fenômeno multidimensional, pois há, em torno dela, conceitos, crenças, valores e atitudes influenciando a percepção que se tem dela, bem como o tratamento a ela dispensado; sua ocorrência altera em maior ou menor grau o modo de vida da pessoa e da família, e isso acontece sempre dentro de um universo sociocultural onde estão arraigadas as concepções, as explicações e os comportamentos próprios daquele contexto cultural.

---

[41] Caprara, 2003.

A deficiência está impregnada de um significado produzido a partir de uma herança sociocultural. Certamente que esse significado é amplo e distorcido, pois nele, de alguma forma, está contido o extrato de toda a história da deficiência, uma extensa narrativa que sempre privilegiou a alguns, atribuindo-lhes o *status* de "sociedade maior", em detrimento de outros, apelidados de "grupos minoritários". É igualmente importante considerar e reconhecer que tal significado é externo à deficiência, ou seja, uma narrativa indireta, coletiva, deduzida a partir daquilo que se vê e se pensa sobre a deficiência. Ora, o que se viu e se pensou sobre a deficiência ao longo da história foram conveniências para justificar a exclusão social. Dessa forma, tal significado, apesar de histórico, é limitado e superficial. Afora qualquer eufemismo, é mais apropriado dizer que é um significado falso!

Uma exceção importante quanto ao significado da deficiência é a abordagem teórica do social-construcionismo.[42] Esta abordagem valoriza o significado, o sentido da deficiência, mas sua fonte primordial de consulta não é a história, ou a cultura. Os teóricos do social-construcionismo entendem ser de crucial importância eliminar as intermediações e aprender diretamente com as pessoas com deficiência sobre o significado e o sentido da deficiência, levando-se em conta que esse sentido pode variar de acordo com o contexto econômico e cultural. Conforme entendemos, apesar dessa variação sociocultural quanto ao sentido, há, fundamentalmente, uma dimensão da experiência que é estritamente pessoal. O contato direto e pessoal com a deficiência é elementar, podendo, portanto, traduzir, confirmar e, principalmente, transformar aquilo que é transmitido pela cultura.

---

[42] Oliver,1988.

As pessoas com deficiência possuem uma legitimidade natural e irrefutável para transmitir o significado da deficiência às instâncias que lidam direta ou indiretamente com ela, como a sociedade, os educadores, os pesquisadores, o poder público... Em uma dimensão mais prática e objetiva, o social-construcionismo situa a pessoa com deficiência no centro de qualquer discussão ou implementação de soluções que lhe digam respeito. Isto se estende a todos os segmentos que lidam, seja com a deficiência como fenômeno biosociopolítico, ou com a pessoa que apresenta alguma deficiência. Diante de temas como, por exemplo, a discriminação social, uma leitura externa pode ser tanto óbvia como simplista, do tipo "as pessoas com deficiência são discriminadas"; essa afirmação apenas reproduz passivamente uma frágil relação de causa e efeito entre deficiência e discriminação. Por outro lado, a experiência de ser discriminado tem produzido questionamentos pessoais e movimentos de pares nas últimas décadas. A discriminação, apesar desse esforço, não deixou de existir. Todavia, a tendência geral[43] é a pessoa com deficiência separar sua experiência com a discriminação (que deve ser combatida) da experiência de viver com um corpo diferente (condição que deve ser gerenciada em face a uma sociedade e ambiente limitadores).

Aplicando as afirmações de Touraine (1998) ao contexto da deficiência, pode-se dizer que a história herdada pelas pessoas com deficiência só terá algum sentido se a ela for dado um toque de singularidade, "[pois] este mundo é também aquele no qual o indivíduo procura ser o Sujeito de sua existência, de fazer de sua vida uma história singular" (Touraine 1998, p. 69).

---

[43] Finkelstein, 1990.

CAPÍTULO 4

Nuanças da diferença: as deficiências e o gênero "pós-humano"

DIVERSIDADE FUNCIONAL E IDENTIDADE

A questão da identidade é um fenômeno tipicamente contemporâneo. Até o início do século XX as identidades eram muito bem definidas e demarcadas, o que eliminava a possibilidade de qualquer crise de identidade, tal como conhecemos na atualidade. Naquele contexto, "cada pessoa era exatamente aquilo que se esperava que fosse: um fidalgo era um fidalgo; um camponês era um camponês, para todos os outros, assim como para si mesmo".[1] Essa previsibilidade, típica das sociedades modernas, não sobreviveu às transformações estruturais ocorridas na segunda metade do século XX. As mudanças trazidas pela modernidade tardia – e mais recentemente reforçadas e consolidadas pela globalização – fragmentaram as sólidas paisagens culturais que antes davam sustentação aos conceitos de classe social, nacionalidade, raça, etnia, gênero e sexualidade. Fragmentaram-se também as identidades fixas, estáveis e previsíveis, produzindo, assim, o palco da chamada crise de identidade da modernidade tardia.[2]

---

[1] Berger e Luckmann, 2004, p. 217.

[2] Bauman, 2005; Giddens, 1991; Hall, 1997.

A questão da identidade ganhou projeção com a eclosão dos movimentos sociais que marcaram o Ocidente na década de sessenta. Naquela década, as mulheres, os negros, os *gays* e lésbicas, juntamente com estudantes, pacifistas e grupos revolucionários, lutavam por reconhecimento e por direitos civis, tendo a identidade como principal bandeira.

> Cada movimento apelava para a identidade social de seus sustentadores. Assim, o feminismo apelava às mulheres, a política sexual aos gays e lésbicas, as lutas raciais aos negros, o movimento antibelicista aos pacifistas, e assim por diante. Isso constitui o nascimento histórico do que veio a ser conhecido como a política de identidade – uma identidade para cada movimento (Hall, 1997, p. 49).

Os movimentos sociais, entre outros aspectos, afirmavam a identidade cultural de grupos marginalizados e oprimidos. Com isso, as identidades excluídas, silenciadas, ou desprestigiadas até aquele momento emergiam nos movimentos sociais como um importante fator de mobilização política. As reivindicações eram feitas conforme as características históricas dos grupos, agregados pelo pertencimento de classe, pelos antecedentes históricos ou por circunstâncias socioeconômicas.[3] Além da pauta de luta de cada grupo em particular, havia reivindicações mais abrangentes que eram comuns a todos os grupos. De fato, os esforços somados resultaram em mudanças e conquistas que beneficiaram, em maior ou menor grau, as várias minorias, modificando assim o desenho e as características da sociedade como um todo.

A questão da identidade não existiria se não houvesse, dentre tantas identidades, alguma que se destacasse como hegemônica, superior, que pretendesse estabelecer-se como *a* identidade. Para

---

[3] Woodward, 2000.

a identidade hegemônica, as demais identidades são percebidas como "o Outro", e sem este assombroso Outro, *aquela* identidade não faria qualquer sentido.[4]

A deficiência está envolvida na questão da identidade, embora poucos autores explorem esse filão. Dessa forma, paira no ar a dúvida se há ou não uma identidade produzida no contexto da deficiência. Para elucidar essa dúvida é fundamental que se pense em identidade utilizando uma via alternativa, deixando à parte um dos principais elementos históricos que enriquecem a discussão acerca do tema: os movimentos sociais da década de sessenta. Esse seria um ponto de partida elementar para uma discussão sobre identidade, mas, ainda assim, frágil para sustentar a idéia de uma identidade produzida a partir do contexto da deficiência, mesmo que o cenário dessa possível identidade seja a modernidade tardia.

Entre as pessoas com deficiência não havia uma preocupação profunda com a identidade; elas também não possuíam uma "sólida localização como indivíduos sociais", como destacam alguns autores[5], referindo-se aos movimentos sociais da década de sessenta. A história, de fato, demonstra exatamente o contrário: nenhuma posição social sólida, nenhuma afirmação de uma identidade cultural de grupo que pudesse ser reconhecida, mesmo porque as pessoas com deficiência viviam confinadas no espaço familiar e institucional, privadas de qualquer interação social que extrapolasse esses núcleos. O isolamento generalizado dificultava os contatos entre pares e impedia qualquer tentativa de articulação. Considerando o movimento de luta das pessoas com deficiência por si mesmo, sem qualquer comparação com a atividade de luta de outros grupos, o que se percebe é uma

---

[4] Lins, 1997; Silva, 2000-B.

[5] Woodward, 2000, p. 34; Hall, 1997, p. 9.

mobilização em torno da própria questão da deficiência, com vistas a uma conscientização social acerca do tema.[6] Quando se discute identidade pela via da diferença, ou da alteridade, a deficiência é como que "poupada" – ou, talvez, temida como o mais assustador "Outro". Embora haja uma dimensão subjetiva na deficiência – como há em qualquer alteridade –, o que existe de mais objetivo nela é o corpo deficiente. Em sendo assim, o corpo "deficiente", essa diferença encarnada, pode ser considerado como o fundamento singular para uma discussão sobre identidade a partir da deficiência, a exemplo do que ocorre com a identidade sexual, ou de gênero, cuja diferença básica também está determinada no corpo. "O corpo é um dos locais envolvidos no estabelecimento das fronteiras que definem quem nós somos, servindo de fundamento para a identidade – por exemplo, para a identidade sexual" (Woodward, 2000, p. 15).

As pessoas com deficiência possuem um corpo (ou parte dele) que apresenta uma diferença socialmente indesejável. O corpo diferente é um elemento tangível, palpável, ou melhor, "in-palpável", devido ao distanciamento que se mantém em relação a qualquer alteridade. A partir desse corpo diferente e "in-palpável" é possível pensar numa categoria de identidade para as pessoas com deficiência. A vinculação entre corpo e identidade é abordada por alguns autores, inclusive fazendo menção à condição física: "As identidades baseadas na 'raça', no gênero, na sexualidade e na *incapacidade física* [grifo nosso], por exemplo, atravessam o pertencimento de classe" (Woodward, 2000, p. 36).

Além da menção à incapacidade física, vale destacar na formulação da autora o pertencimento de classe. De fato, o cerne da

---

[6] Bieler, 1990.

questão não é o enquadramento da pessoa com deficiência numa classe delimitada pela deficiência, o que seria lógico e óbvio levando-se em conta apenas as aparências que saltam aos olhos. O pertencimento de classe sustenta-se em algo que é bem mais sutil que a cor da pele, a condição física, o gênero, a sexualidade... trata-se, efetivamente, das relações de poder,[7] dos processos e práticas de exclusão estabelecidos a partir da diferença, onde quer que ela se manifeste. "O 'pertencimento' teria perdido o seu brilho e o seu poder de sedução, junto com sua função integradora/disciplinadora, se não fosse constantemente seletivo nem alimentado e revigorado pela ameaça e prática da exclusão" (Bauman, 2005, p. 28).

Corpo e identidade, independentemente de qualquer deficiência, estão vinculados entre si e abrangem, de forma mais ampla, o reconhecimento social. A deficiência, por sua vez, confere ao corpo uma característica peculiar, tornando-o essencialmente diferente. Esta diferença é norteadora, seja na construção da identidade ou no (não) reconhecimento social da pessoa com deficiência.

> A noção de identidade pessoal está diretamente vinculada ao corpo, já que este funciona como um instrumento de projeção do ser no espaço sociocultural. O corpo é o local onde o indivíduo se reconhece enquanto uma singularidade, partilhando, ao mesmo tempo, significações comuns a todo o grupo social. O reconhecimento do indivíduo é dado, então, a partir da coerência encarnada em seu corpo – que possui uma estrutura consistente, uma e totalizante (Silva, 2003).

O corpo diferente em virtude de uma deficiência não é reconhecido socialmente, dada a sua incoerência e, de certa forma,

---

[7] Bauman, 2005; Elias e Scotson, 2000.

sua assimetria. Esse mesmo corpo, exatamente por ser disforme e incoerente, ratifica, como "Outro", a noção de que a identidade pessoal está vinculada a um corpo simétrico e coerente. No entender de Giddens (2002), o corpo é parte essencial da manutenção de um sentido coerente de auto-identidade, um objeto com o qual temos o privilégio de conviver, ou então somos condenados a viver; o que determina se é privilégio ou condenação é aquilo a que o corpo nos expõe: a sensações de bem-estar e prazer, ou a doenças e tensões.[8] Não é por acaso que a metáfora da deficiência como uma condenação fixou-se tão bem no senso comum, influenciando os sentimentos e a percepção social acerca da pessoa com deficiência.

Uma das discussões centrais sobre identidade, de acordo com Woodward (2000), concentra-se na tensão entre as abordagens essencialistas e não-essencialistas atribuídas à identidade. A autora utiliza a "identidade sérvia" como exemplo para demonstrar o enfoque de cada abordagem: A perspectiva essencialista busca sustentação tanto na história quanto na biologia para afirmar que há um conjunto de características autênticas, cristalinas e permanentes, partilhadas por todos os sérvios. As perspectivas não-essencialistas, por sua vez, atribuem maior importância às diferenças, e consideram tanto as características comuns como as características partilhadas com outros grupos, ou outras identidades; da mesma forma, considera o modo pelo qual a definição daquilo que significa ser um sérvio tem mudado ao longo dos séculos.[9]

A mesma tensão, descrita acima, ocorre quando a questão da identidade é analisada em conjunto com a deficiência. De fato, há deficiências que são irreversíveis, ou melhor, ainda são

---

[8] Giddens, 2002, p. 95.

[9] Woodward, 2000, p. 12.

irreversíveis – respeitadas as ressalvas impostas pelas conquistas efetivas e pelo devir das diversas pesquisas ainda em curso. Assim como a cor da pele, a etnia ou o gênero, há certas características presentes em todas as pessoas que apresentam uma determinada deficiência. Essa afirmação essencialista pode ser exemplificada pela perda de função motora e atrofia muscular nas paraplegias e tetraplegias decorrentes de lesão medular, ou pelo conjunto de sinais físicos que sugerem o diagnóstico da síndrome de Down (olhos com fenda inclinada, hipotonia, dedos curtos, uma única prega palmar, entre outros). A perspectiva não-essencialista é ainda mais pertinente ao nosso tema, a começar pelo relevo dado à diferença. A adequação dessa perspectiva à questão da deficiência é bastante abrangente, pois nela caberia considerar as características comuns às pessoas com uma determinada deficiência (por exemplo: acessibilidade ao meio físico para usuários de cadeira de rodas; indicações em braile e semáforos sonoros destinados aos cegos; programas de televisão com legenda oculta e intérprete para os surdos etc.), assim como as características, ou questões mais gerais, como a discriminação social que alcança as três categorias de deficiência mencionadas no nosso exemplo. Essa perspectiva valoriza também a dimensão histórica da deficiência, identificando seu sentido em cada época e contexto específicos, e dessa forma, favorece uma análise comparada dessa condição ao longo do tempo.

Apesar de as abordagens essencialista e não-essencialista enriquecerem o estudo das deficiências, abrindo perspectivas para que um conceito de identidade possa ser aplicado à deficiência, é imprescindível que tal conceito não seja exclusivamente essencialista, mesmo diante das características permanentes de uma determinada deficiência. Dessa forma, negar a dimensão essencialista da deficiência seria um desacerto conceitual; mas desacerto ainda mais grosseiro seria ignorar a importância crucial do contexto da deficiência (dimensão não-essencialista), seja para uma formulação teórica ou para uma melhor compreensão da deficiência como experiência vivencial. A deficiência está, portanto, imbricada por elementos essencialistas e não-essencialistas e isto certamente realça diante de uma identidade construída a partir da deficiência.

Há uma certa afinidade entre as formulações de Stuar Hall (1997; 2000) e a deficiência como uma identidade, embora o próprio autor não mencione formalmente essa relação. O cotidiano da deficiência demonstra que as muitas facetas sociais somadas à vivência e aos conflitos individuais, exigem que a pessoa com deficiência circule entre "práticas, posições e discursos antagônicos".[10] Tais aspectos, comuns às identidades na modernidade tardia, também estão presentes na relação do indivíduo com a sua deficiência e, num sentido mais amplo, em sua relação com a sociedade. Se entendermos que a condição da pessoa com deficiência produz uma identidade, obrigatoriamente teremos que concordar que essa identidade mudou ao longo do tempo, na medida em que mudavam a concepção de deficiência e a imagem social associada a ela. Essa identidade também teria permanecido, durante longos séculos, numa posição marginal em relação à identidade hegemônica, dando-lhe sustentação como sua alteridade.

Se tudo isso faz algum sentido – e faz! –, a identidade produzida a partir da deficiência não resistiria às demandas e apelos do cotidiano, caso apresentasse um núcleo estável, previsível e coerente. Essa identidade, como todas as identidades na modernidade tardia, teria que ser flexível, múltipla, mimética e imprevisível para, assim, sobreviver em diferentes contextos,

---

[10] Hall, 2000, p. 108.

negociando com os mais diferentes apelos e demandas. Na prática cotidiana, o indivíduo que tem uma deficiência fatalmente negocia com papéis antagônicos, por exemplo, sendo percebido e tratado socialmente como um "coitado", como alguém que necessita constantemente de alguma ajuda, ou então como um "herói", já que supera um ou outro obstáculo, apesar de tantas limitações. Esse indivíduo terá que ser flexível e autônomo para descobrir alternativas viáveis entre tantos opostos, construindo e reconstruindo sua identidade (de) "deficiente".

Nas formulações de Hall encontramos uma nova dimensão do termo *identidade*. Segundo o próprio autor, a inovação, além de não ser adotada por todos, pode ser mal compreendida.[11] Embora a questão da deficiência não apareça explicitamente na discussão, sua nova apropriação do termo resulta numa consistência teórica que, conforme entendemos, é suficiente para fundamentar um conceito de identidade construído no contexto da deficiência:

> Utilizo o termo "identidade" para significar o *ponto de encontro*, o *ponto de sutura* [grifo nosso], entre, por um lado, os discursos e as práticas que tentam nos "interpelar", nos falar ou nos convocar para que assumamos nossos lugares como sujeitos sociais de discursos particulares e, por outro lado, os processos que produzem subjetividades, que nos constroem como sujeitos aos quais se pode "falar". As identidades são, pois, pontos de apego temporário às posições-de-sujeito que as práticas discursivas constroem para nós (Hall, 2000, pp. 111-112).

O autor também afirma que

> Se uma suturação eficaz do sujeito a uma posição-de-sujeito exige não apenas que o sujeito seja "convocado", mas que o sujeito invista naquela

---

[11] Hall, 2000, p. 111.

posição, então a suturação tem que ser pensada como uma articulação e não como um processo unilateral. Isso, por sua vez, coloca, com toda a força, a identificação, se não as identidades, na pauta teórica (Hall, 2000, p. 112).

O *ponto de encontro*, ou o *ponto de sutura* que aparece na formulação de Hall pode ser visto também, conforme entendemos, como o ponto de partida, a base, o ponto mais fundamental, a partir do qual desponta uma nova concepção de identidade. Para uma boa compreensão desse ponto de encontro, ou ponto de sutura, é importante percorrer o que está posto em cada um dos lados, antes de juntá-los numa sutura, como propõe Hall (2000).

De um lado, que chamaremos de "lado interno" da sutura, temos os processos que produzem subjetividades, que nos constroem como sujeitos. Desse lado está a deficiência como uma contingência que atravessa nossa condição de sujeitos; ou seja, a deficiência, qualquer que seja, é um processo que produz subjetividades.

"Subjetividade" sugere a compreensão que temos sobre o nosso eu. O termo envolve os pensamentos e as emoções conscientes e inconscientes que constituem nossas concepções sobre "quem nós somos". A subjetividade envolve nossos sentimentos e pensamentos mais pessoais. Entretanto, nós vivemos nossa subjetividade em um contexto social no qual a linguagem e a cultura dão significado à experiência que temos de nós mesmos e no qual nós adotamos uma identidade (Woodward, 2000, p. 55).

Inserir a deficiência nas afirmações da autora é um exercício necessário à nossa discussão. Dessa forma, subjetividade envolve o *"quem nós somos"*... com especial destaque para o *"como nós somos"*. E já pensando no processo da sutura, cabe aqui o questionar-se sobre "o que fazer com o isso que somos". Conforme a definição dada acima por Woodward, a *subjetividade envolve nossos sentimentos e pensamentos mais pessoais...* ao que acrescentamos: *...sobre isso* que nós somos, sobre a forma como vivemos e interagimos no contexto social. Em outras palavras, o indivíduo se reconhece (*quem sou eu?*) como pessoa que apresenta uma diferença, caracterizada pelo que, convencionalmente, chama-se deficiência (*como eu sou?*). Nesse reconhecimento – que só pode ocorrer lenta e gradualmente – há, certamente, uma abundância de sentimentos e pensamentos que podemos chamar de "consciência de si".

O próximo questionamento – o que fazer com isso que sou? – indica que um processo de articulação, ou de sutura, está em andamento. E o sujeito, já com alguma consciência de si, é alcançado pelo que está posto do lado que chamaremos de "lado externo" da sutura. Desse outro lado, conforme já foi citado, estão "os discursos e as práticas que tentam nos interpelar, nos falar ou nos convocar para que assumamos nossos lugares como sujeitos sociais de discursos particulares" (Hall, 2000, pp. 111-112). Nesse ponto, Hall toma emprestado da psicanálise o conceito de identificação: para que o sujeito se posicione diante do que está posto do lado externo da sutura, ele terá que identificar-se com as posições que serão assumidas. Para uma boa compreensão desse processo, vale considerar a identificação, como elemento teórico, utilizada na discussão de Hall (2000) e Woodward (2000) acerca da identidade. De acordo com Woodward (2000), "Os sujeitos são, assim, sujeitados ao discurso e devem, eles próprios, assumi-lo como indivíduos que, dessa forma, se posicionam a si próprios. As posições que assumimos e com as quais nos identificamos constituem nossas identidades" (Woodward, 2000 p. 55).

A identificação é um conceito fundamental na psicanálise. É nesse campo teórico que sua utilização foi ricamente aproveitada, assumindo valor central na obra de Freud. A importância do conceito de identificação faz dela não apenas um mecanismo psicológico entre outros, mas o processo pelo qual o indivíduo se constitui.[12] Entretanto, não é esse enfoque psicanalítico que norteia essa discussão. Nossa formulação requer um horizonte mais amplo, por isso consideramos a identificação desde o seu uso pelo senso comum, passando pela psicanálise, mas com prioridade para as abordagens de Hall (2000) e Woodward (2000), autores que exploram a questão da identidade e da diferença, com enfoques derivados da psicologia social e ciências sociais.

Na definição de Laplanche e Pontalis, "[A identificação é um] processo psicológico pelo qual um indivíduo assimila um aspecto, uma propriedade, um atributo do outro e se transforma, total ou parcialmente, segundo o modelo dessa pessoa. A personalidade constitui-se e diferencia-se por uma série de identificações" (Laplanche e Pontalis, 1988, p. 295).

Em seu trabalho sobre identidade e diferença, Woodward (2000) destaca a identificação como um processo por meio do qual nos identificamos com os outros, seja pela ausência de consciência da diferença ou da separação, seja como resultado de uma suposta similaridade (p. 18). A autora também faz alusão à importância da identificação na fase edipiana, período em que os investimentos que a criança faz nos pais são abandonados e substituídos por identificações.

Hall (2000), por sua vez, amplia essa discussão considerando inicialmente o sentido de identificação na linguagem do senso comum. A identificação é construída a partir do reconhecimento de alguma origem, algum ideal ou características comuns, partilhadas com outros grupos ou pessoas. Esses mesmos aspectos também dão sustentação à fidelidade e à solidariedade

---

[12] Laplanche e Pontalis,1988, p. 296.

partilhadas em um grupo. Para o autor, há um certo *"naturalismo"* nessa definição, uma obviedade que, segundo entendemos, pode ter fomentado a idéia de uma identidade para as pessoas com deficiência, já que elas identificaram-se com a pauta de luta dos movimentos feminista, negro e *gay*, dos quais novas identidades surgiram. Essa identificação, por si só, não sustenta a idéia de uma *identidade (de) "deficiente"*, uma vez que as características e as demandas daqueles grupos, assim como as bases teóricas que sustentam a idéia de uma identidade feminista, negra ou *gay* não se aplicam às pessoas com deficiência.

Depois de discorrer sobre a identificação conforme o senso comum, Hall (2000) apresenta uma abordagem discursiva da identificação como uma construção, como um processo que nunca é concluído. Nessa abordagem, a identificação é algo que está sempre em processo:

> Ela não é, nunca, completamente determinada – no sentido de que se pode, sempre, "ganhá-la" ou "perdê-la"; no sentido de que ela pode ser, sempre, sustentada ou abandonada. (...) Embora tenha suas condições determinadas de existência, o que inclui os recursos materiais e simbólicos exigidos para sustentá-la, a identificação é, ao fim e ao cabo, condicional; ela está, ao fim e ao cabo, alojada na contingência. Uma vez assegurada, ela não anulará a diferença (Hall, 2000, p. 106).

Na abordagem acima, a identificação aparece como algo essencialmente dinâmico, como um processo em constante andamento. Tais aspectos harmonizam-se com as identidades típicas da modernidade tardia naquilo que elas têm de flexíveis e instáveis. Porém, tendo como foco uma possível identidade produzida no âmbito da deficiência, entre as características acima, a que ganha destaque diz respeito à diferença. Além de constituir um dado real e tangível no corpo ou no organismo, a deficiência é também uma condição profundamente marcada pela diferença. Dessa forma, uma identidade produzida a partir da deficiência é objeto de discussão, ao passo que a diferença, estampada na deficiência, está acima de qualquer discussão.

Hall (2000) também discute os aspectos psicanalíticos da identificação. No complexo de Édipo, o conceito de identificação toma as figuras do pai e da mãe tanto como objetos de amor quanto como objetos de competição, inserindo, assim, a ambivalência no centro do processo. O autor também acrescenta que

> Em Luto e Melancolia, [a identificação] não é aquilo que prende alguém a um objeto que existe, mas aquilo que prende alguém à escolha de um objeto perdido. Trata-se, no primeiro caso, de uma "moldagem de acordo com o outro", como uma compensação pela perda dos prazeres libidinais do narcisismo primal (Hall, 2000, p.107).

Há aqui dois aspectos importantes para a nossa discussão: a identificação, naquilo que ela tem de ambivalente, e como algo que prende alguém a um objeto; os dois pontos, em analogia com o contexto da deficiência, colocam em relevo a ambivalência do indivíduo em relação à deficiência – em relação à própria deficiência ou à deficiência do outro –, e, por último, a deficiência significando uma perda, ou, como uma ferida narcísica.

Ao final de sua passagem por esses diferentes conceitos de identificação, Hall faz uma ressalva importantíssima acerca do uso desses conceitos, quando o assunto em pauta é a identidade, especialmente uma identidade construída a partir do contexto da deficiência, como é o nosso caso: "Não estou sugerindo que todas essas conotações devam ser importadas em bloco e sem tradução ao nosso pensamento sobre a "identidade"; elas são citadas aqui para indicar os novos significados que o termo está agora recebendo" (Hall, 2000, pp. 107-108).

Voltando agora ao "lado externo" da articulação, ou da sutura, e desta feita aplicando-o ao contexto da pessoa com deficiência, temos um conjunto de discursos e práticas construído em torno da deficiência, convocando a pessoa em questão para que assuma um lugar como sujeito social de discurso particular, ou de discurso próprio. Tais discursos e práticas, nessa aplicação, são atitudes, idéias e conceitos construídos a partir da deficiência, mas que, na verdade, são externos a ela. Ou seja, são construções vazias de experiência, de vivência, de "contato físico" com a deficiência, mas norteadas pelo distanciamento e pelos receios acionados diante das ameaças que qualquer alteridade oferece. Além desses elementos mais imediatos, tais discursos e práticas também são influenciados, num sentido mais amplo, pela história da deficiência, cujo enredo em nada favorece a imagem da pessoa que apresenta essa contingência.

Os discursos e as práticas construídos em torno da deficiência funcionam como um amontoado de dados, um todo caótico em que informações procedentes e válidas se misturam a dados incompletos e/ou distorcidos, crendices, medos, culpas e preconceitos de toda ordem. Em regra, aspectos reais da deficiência são maquiados, distorcidos ou deturpados antes de interpelar ou convocar uma pessoa com deficiência para que assuma um lugar como sujeito social. Dessa forma, a idéia que se obtém sob a influência desse amontoado de dados é que a deficiência é uma condição que inviabiliza a vida de uma pessoa, tornando-a triste, limitada, lenta, improdutiva, assexuada, incapaz de cuidar de si mesma... e, por tudo isso, ela será, inevitavelmente, uma pessoa revoltada, digna de pena, carente da ajuda e da piedade alheia. Tudo o que foge a esse pólo negativo, é igualmente apresentado de forma distorcida. "Positivamente" distorcida. E, para justificar os aspectos "positivos" da deficiência, indivíduos comuns são considerados fortes, heróis, campeões, bastando, para adquirir esse *status*, o uso de qualquer acessório representativo da deficiência, especialmente uma cadeira de rodas. Ficamos, assim, imobilizados seja no arquétipo do coitado, seja no arquétipo do herói.

Uma identidade construída a partir da deficiência requer que o próprio indivíduo, agente dessa identidade, promova a articulação, ou a sutura, entre suas próprias impressões, pensamentos, sentimentos e atitudes, produzidos a partir de uma experiência física, pessoal e direta com a deficiência – aqui a deficiência é uma produtora de subjetividade! –, e o que há de compatível com sua subjetividade nos discursos e práticas que tentam interpelar esse indivíduo, convocando-o para que assuma uma posição como um sujeito social, de discurso próprio. Baseado nas formulações de Hall (2000), o esquema abaixo ilustra a forma como a pessoa com deficiência processa a sutura:

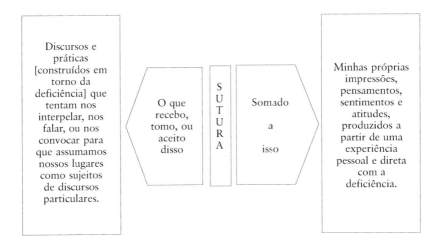

Uma questão crucial pode e deve ser levantada aqui. Vejamos: se os discursos e práticas que interpelam o sujeito são construídos em meio a um emaranhado de dados incompletos e/

ou distorcidos, crendices, medos, culpas e preconceitos, esse conteúdo não comprometeria a identidade, tornando-a fragmentada, ou frágil? A resposta é **Sim!** De fato, a identidade da qual estamos tratando é estratégica e posicional, por isso ela não é acabada, ela não é coerente e nem estável. Quando o sujeito é interpelado, ele identifica-se com o conteúdo dos discursos e práticas, em parte ou no todo. E mesmo que o negasse – se é que isto é possível... –, ainda assim ele receberia algo desse conteúdo pelas mãos do senso comum. É exatamente esse conteúdo, com o qual ele se identifica, que compõe a parte externa da sutura, ou da articulação. E todo o processo se repete sempre que surgirem novos apelos, novas demandas, pois as identidades estão em constante processo de mudança e transformação.

DEFICIÊNCIA: QUANTA DIFERENÇA!

As identidades, conforme já foi demonstrado, são produzidas em locais históricos e institucionais específicos, a partir de práticas, estratégias e iniciativas também específicas, o que implica reconhecermos a existência de contextos produtores de identidade. Assim constituída, a identidade é determinada pela marcação da diferença e da exclusão. Os mesmos determinantes – a diferença e a exclusão – também estão presentes na construção da deficiência. Em seu aspecto físico, a deficiência é uma contingência e um fato próprios da condição humana. E embora estejamos todos – inclusive os que hão de nascer –, de alguma forma e em algum grau, sujeitos a essa contingência, ela de fato se restringe a uma determinada parcela da população planetária. Estando restrita somente a uma parcela, ela deixa de ser tratada apenas como uma contingência de ordem física para se transformar num fato social determinado pela marcação da diferença e pela exclusão. A deficiência, como fato social, é criada unicamente para ser excluída. Por esta razão ela é mais facilmente reconhecida como uma diferença do que como uma identidade. "Acima de tudo, e de forma diretamente contrária àquela pela qual elas são constantemente invocadas, as identidades são construídas por meio da diferença e não fora dela" (Hall, 2000, p. 110).

Uma identidade não existe por si só. Esta dependência de algo externo torna a identidade relacional. Ou seja, ela só pode existir porque há, fora dos seus limites, uma outra identidade que lhe dá sustentação, que oferece condições para que ela exista. É exatamente nesses termos que a identidade é marcada pela diferença; esta característica separa uma identidade da outra, estabelecendo distinções entre elas. A diferença é a própria fronteira entre o "eu" e o "outro", entre "nós" e "eles".[13]

Identidade e diferença são características independentes e opostas que mantêm entre si uma relação de complementaridade. A identidade é aquilo que se é, é aquilo que eu sou; uma característica positiva, independente e autônoma que me permite fazer afirmações do tipo sou brasileiro, sou homem, sou branco, entre tantas outras afirmações positivas que indicam aquilo que sou. Partindo de um raciocínio semelhante, e em oposição à identidade, a diferença é aquilo que o outro é:[14] ele é alemão, ela é mulher, ele é negro.

> A afirmação "sou brasileiro" (...) é parte de uma extensa cadeia de "negações", de expressões negativas de identidade, de diferenças. Por trás da afirmação "sou brasileiro" deve-se ler: "não sou argentino", "não sou chinês" e assim por diante, numa cadeia, nesse caso, quase interminável.

---

[13] Woodward, 2000, pp. 9; 11; 41.
[14] Silva, 2000-B, p. 74.

(...) Da mesma forma, as afirmações sobre diferença só fazem sentido se compreendidas em sua relação com as afirmações sobre identidade. Dizer que "ela é chinesa" significa dizer que "ela não é argentina", "ela não é japonesa", (...) ela não é o que eu sou. Afirmações sobre diferença também dependem de uma cadeia, em geral oculta, de declarações negativas sobre (outras) identidades. Assim como a identidade depende da diferença, a diferença depende da identidade. Identidade e diferença são, pois, inseparáveis" (Silva, 2000-B, p. 75).

Uma característica importante a se observar é que a identidade e a diferença nunca surgem espontaneamente, elas precisam ser ativamente produzidas. Ambas, identidade e diferença, são produzidas para que se estabeleça uma distinção entre "o que nós somos" e "o que nós não somos"; essa distinção funciona como um critério para se determinar, por exemplo, quem pertence e quem não pertence, quem está incluído e quem está excluído,[15] e, por extensão, quem é "normal" e quem é "deficiente".

A identidade está sempre ligada a uma forte separação entre "nós" e "eles". Essa demarcação de fronteiras, essa separação e distinção, supõem e, ao mesmo tempo, afirmam e reafirmam relações de poder. (...) Os pronomes "nós" e "eles" não são, aqui, simples categorias gramaticais, mas evidentes indicadores de posições-de-sujeito fortemente marcadas por relações de poder (Silva, 2000-B, p. 81).

Identidade e diferença são produzidas por processos de diferenciação marcados por relações de poder. Outros processos semelhantes se ocupam, por exemplo, da inclusão-exclusão, determinando que "estes pertencem, aqueles não"; da demarcação de fronteiras, estabelecendo diferença entre "nós" e "eles"; da

---

[15] Silva, 2000-B, p.. 81-82.

classificação, dividindo o mundo entre "bons" e "maus", "puros e impuros", e, por extensão, entre "deficientes" e "não-deficientes"; da normalização, que estabelece que a nossa condição é "normal", a deles é "anormal".[16]

As relações de poder são determinantes na hierarquização das identidades e das diferenças. Dentre os processos citados acima, a *normalização* destaca-se tanto na sutileza de sua manifestação, quanto no poder de sua imposição, elegendo arbitrariamente uma determinada identidade como referência, como "o" modelo, a partir do qual as outras identidades são avaliadas e hierarquizadas. A identidade tomada como referência é também *normalizada* e a ela são atribuídas exclusivamente características positivas, ao passo que as outras identidades são avaliadas como *anormais*, inclusive por serem detentoras das características negativas não atribuídas à *identidade normal*. "A identidade normal é 'natural', desejável, única. A força da identidade normal é tal que ela nem sequer é vista como uma identidade, mas simplesmente como 'a' identidade. Paradoxalmente, são as outras identidades que são marcadas como tais" (Silva, 2000-B, p. 83).

A diferença pressupõe uma fronteira entre duas condições distintas. Mesmo quando se trata de uma condição objetiva, concreta, a fronteira que demarca a diferença é extremamente tênue. A deficiência é um bom exemplo de uma diferença objetiva, porém de fronteiras tênues. Há situações em que o olhar do observador é que determina quem é o diferente, ou, quem é o diferente de quem. Em tais circunstâncias, a diferença se revela vinculada a um contexto de relações, muito mais que uma característica encarnada num corpo diferente.

---

[16] Silva, 2000-B, pp. 81-84.

Pensar a deficiência como uma diferença requer que se considere essa condição, entre outros aspectos, a partir do impacto que ela causa no observador. O olhar dirigido à deficiência determina a qualidade da reação, ou atitude, que o observador terá diante daquela diferença. A reação pode ser um mal-estar diante de uma pessoa que apresenta uma ausência de membros, causada por malformação congênita. Esse corpo "anormal" pode ser *in-diferente* aos olhos de outra pessoa que, por sua vez, sentiria o mesmo desconforto diante de um surdo, de corpo "bem-formado", que tenta pedir uma informação por meio de sinais ininteligíveis para os ouvintes. As reações ao diferente são norteadas não apenas pela diferença como forma ou característica que o outro apresenta, mas, principalmente, porque esse outro é diferente de mim. "(...) o outro é o outro gênero, o outro é a cor diferente, o outro é a outra sexualidade, o outro é a outra raça, o outro é a outra nacionalidade, o outro é o *corpo diferente* [grifo nosso]" (Silva, 2000-B, p. 97).

Dessa forma, qualquer outro que seja diferente de mim representa uma ameaça. Essa noção que se tem do outro, norteia as relações entre "normais" e pessoas com deficiência, mas, também entre estas e seus pares. Nas relações sociais, mesmo nas relações entre pares, o eu, o outro, o "normal" ou a pessoa com deficiência não são apenas pessoas, mas sim perspectivas e papéis produzidos e desempenhados na interação social.[17] A argumentação de Goffman (1988) tangencia nossa discussão acerca da fragilidade das fronteiras da diferença:

> Já que aquilo que está envolvido são os papéis em interação e não os indivíduos concretos, não deveria causar surpresa o fato de que, em

---

[17] Goffman, 1988, p. 146.

muitos casos, aquele que é estigmatizado num determinado aspecto exibe todos os preconceitos normais contra os que são estigmatizados em outro aspecto (Goffman, 1988, p. 149).

Lins (1997) é ainda mais preciso ao abordar a diferença no contexto das relações. Sua argumentação enfatiza que o diferente, que é excluído exatamente por ser diferente, torna-se, por sua vez, excludente em relação aos que lhes são diferentes:

> O excluído também exclui, ele se auto-exclui. Tem-se o exemplo de pobres que discriminam os negros pobres; pode-se dizer o mesmo de alguns homossexuais pobres, mas brancos, em relação ao homossexual negro, porém pobre. Quem é o excluído de quem? Quem é o judeu de quem? Quem é o negro de quem? Quem é o diferente de quem? (Lins, 1997, p. 92).

Entre as pessoas com deficiência o mesmo processo pode ser observado. As diferentes categorias de deficiência, longe de formarem um universo homogêneo, solidário, são como que distribuídas numa espécie de "hierarquia". Em outras palavras, é como se uma tetraplegia fosse pior que uma paraplegia, e esta, por sua vez, fosse pior que uma amputação; da mesma forma, a dependência de cadeira de rodas é considerada pior que a dependência de muletas ou bengalas, mas, em estando na cadeira de rodas, é melhor tocar a própria cadeira do que depender de um terceiro para empurrá-la. Processos semelhantes podem ocorrer entre surdos oralizados e não-oralizados, ou entre aqueles que se comunicam com LIBRAS (Língua Brasileira de Sinais) e os que usam mímica caseira; também podem ocorrer entre cegos que "se viram" bem com a bengala e cegos que só saem acompanhados de guia. Além dos fatores ligados à deficiência propriamente dita, há ainda aspectos externos a ela, como a condição social, educacional, o acesso aos acessórios e serviços que facilitam o dia-a-dia etc., todos eles compondo as "posições hierárquicas" no *ranking* das diferenças.

Por se tratar de uma condição frágil, e, até certo ponto, relativa, a diferença desperta atitudes e sentimentos antagônicos – inclusive entre os iguais: da hostilidade à tolerância, passando pela indiferença. Apesar das atitudes tão variadas, a diferença subsiste influenciando as relações e a percepção que se tem do outro. Hostilidade, tolerância e indiferença são reforçadores de uma condição que, por si só, não se estabelece, a não ser que se atribua a ela algum valor, ou algum poder. Lins (1997) argumenta que reconhecer e celebrar a diferença é uma forma de condenar o ator à sua história, transformando sua diferença numa prisão; da mesma forma, "ao 'proteger' a Diferença, termina-se, na melhor hipótese, por possuí-la e, na pior, por se deixar possuir por ela numa identificação cármica fatalista". (p. 83). Não basta simplesmente reconhecer, celebrar, ou mesmo hostilizar a diferença; é necessário questioná-la.[18] A argumentação de Lins (1997) indica as bases em que tal questionamento precisa estar ancorado: "Resta saber, com efeito, quem fala? De onde fala? Para quem fala? Quem é o diferente de quem?" (Lins, 1997, p. 83).

A diferença pode não resistir ao questionamento sem se perder num universo onde todos são, de uma ou outra forma, diferentes. Ou, conforme dito por Touraine, "somos iguais entre nós somente porque somos diferentes uns dos outros" (Touraine 1998, p. 72).

A clareza e a pertinência de tantas indagações apontam para a reciprocidade da diferença: se o outro é diferente de mim, logo sou diferente dele. As diferenças se equivalem (ou deveriam se equivaler...), a não ser que uma delas esteja imbuída de algum

---

18 Silva, 2000-B, p. 100.

atributo-poder que a diferencie. Segundo Lins (1997), há uma rede de diferenças complexas no interior do diverso, numa escala social e simbólica. Nessa rede, uma mesma diferença pode atrair ou repelir, pode ser admirada ou hostilizada, ou mesmo conquistar novas feições, ou novo *status*, como ocorre com a "boa diferença":

A ideologia da "boa" diferença absolve (...) o ator da Diferença. É o caso do "direito à diferença", por exemplo, de mulheres que "optaram" pela virgindade – religiosas ou leigas – e tornaram-se castas e puras, escolhendo o Pai e o Esposo Sagrado em um casamento místico com Deus. Essa diferença, como a dos padres, integra a "boa" diferença do convento, situada além das classes sociais, além do estigma, do julgamento (Lins, 1997, pp. 91-92).

A diferença perturba os padrões sociais. Pessoas, hábitos e comportamentos que se distanciam dos padrões estabelecidos são identificados pela diferença. A ordem social, por sua vez, não comporta nem tolera diferenças, especialmente aquelas diferenças que representam uma negação dessa ordem. A deficiência é uma delas, situadas às margens da ordem social, assim como a loucura, a delinqüência, a pobreza, entre outras diferenças que não se harmonizam com a ordem estabelecida. As deficiências, em especial as que estão estampadas no corpo, negam os padrões da aparência e da forma física, ferindo a "harmonia" corporal. As deficiências, sem exceção, negam os rígidos padrões "funcionais" do corpo; dessa forma, locomover-se em cadeira de rodas, enxergar com os dedos ou com uma bengala, ouvir através da mímica, à primeira vista são declarações de incapacidade, de disfuncionalidade, já que uma função está sendo desempenhada de forma "anormal". Em última instância, esse desempenho "anormal" – que, na verdade, é apenas diferente! – contesta e perverte a ordem social cada vez que expõe a desigualdade e afirma a plena existência de uma (des)ordem social, em que convivem (des)harmonicamente iguais e diferentes.

A DEFICIÊNCIA COMO UM ÍCONE DA DIFERENÇA

A quebra dos padrões sociais de normalidade é extremamente perturbadora para o indivíduo, para a sociedade e também para a medicina. Talvez essa ordem devesse ser invertida – medicina, sociedade, indivíduo –, já que a bandeira da normalidade foi erguida primeiramente pela medicina, sendo, posteriormente, assimilada pela sociedade e pelo indivíduo. Enquanto os gregos eliminavam crianças diferentes e cultuavam a beleza física, a medicina, por sua vez, busca, com notável determinação, eliminar as diferenças em favor da restauração da normalidade. Para os beneficiários desse eufemismo, corrigir a diferença é um desejo e uma necessidade, já que, nos padrões vigentes, a normalidade é um valor.

> [A pessoa com deficiência] ainda é objeto de discriminação e preconceito; pois, ser diferente significa ser inferior, desviar-se da média, sobressair de forma "negativa" no meio da multidão, criando tensões, tornando-se, assim, objeto de preconceitos. Desse modo, no plano social, a diferença transforma-se em desigualdade e, portanto, coloca o portador de deficiência em desvantagem, em relação aos demais membros da sociedade (Montanari, 1999).

Normalidade, como conceito, pressupõe a existência de uma norma, ou de um padrão, adotado como referência. Uma norma só tem sentido, função ou valor, se existir, fora dela, algo que não corresponda às regras a que ela obedece, ou seja, a norma se estabelece a partir da ocorrência de sua infração.[19] A pessoa com deficiência, conforme o senso comum, não é uma pessoa normal. Parece ser mais confortável negar a normalidade do que afirmar a anormalidade, embora, na prática, as duas construções tenham o mesmo sentido e o mesmo valor. Dizer que a pessoa com deficiência é anormal pode parecer grosseiro, ofensivo, pejorativo, e por isso essa declaração nunca é feita explicitamente, embora o seu sentido seja mantido quando natural e espontaneamente se diz que a pessoa com deficiência não é normal. Ao que parece, a terminologia, o conceito e a natureza da deficiência não são claros para o senso comum, assim como não são claros na própria conceituação adotada como oficial, conforme já foi discutido no capítulo 2.

Pensar a deficiência como uma diferença eliminaria boa parte da polêmica normal x anormal, apesar dos "monstros" engendrados nos porões da diferença. A deficiência, pensada apenas como uma anormalidade, é colocada abaixo, fora, aquém, sendo, por isso, considerada uma condição inferior. Uma exceção ocorre com Stephen Hawking, físico britânico acometido pela doença de Lou Gehring.[20] Ninguém ousaria considerá-lo inferior, apesar do grau acentuadíssimo de sua paralisia! Hawking é exceção não pelo aspecto de sua paralisia, mas por sua elevadíssima genialidade. Certamente que o nome desse gênio da física contemporânea não seria tão conhecido se ele não fosse também um paradoxo. Ele próprio reconhece que o interesse público em sua história pessoal colaborou com o sucesso do seu livro *Uma breve*

---

[19] Canguilhem, 1978, p. 211; Tomasini, 1998, p. 113.

[20] Bieler, 1992, p. 17.

história do tempo, que, na verdade, faz apenas umas poucas alusões à sua vida pessoal.

Pensada como uma diferença, a deficiência continuaria exposta a conflitos, tensões e à exclusão – como *Outro,* estamos sempre sujeitos à exclusão –, mas não por ser anormal ou inferior, pois o diferente é exatamente como o igual, mas a semelhança entre eles é invisível, já que um deles é visto pelo avesso. Sob esse aspecto, a deficiência-diferença seria insuficiente para confirmar ou sustentar a "normalidade" dos que são supostamente normais. Ao contrário, ela situa o suposto normal entre uma possibilidade negativa da qual ele julga ter se livrado, e um acaso possível, que pode alcançá-lo na próxima esquina. Isto confirma para o "normal" não o que ele (pensa que) é, mas como ele (de fato) poderia ser. Por tudo isso, a diferença também é uma ameaça.

> Diverso, espaço de identificação multipolarizada, abre as portas da percepção e festeja o encontro com o outro, num fluxo e refluxo de criatividade e de espanto, em que aquele que fala poderá se encontrar na resposta do outro. (...) Perdura, todavia, a questão das questões. Quem é a mulher? Quem é o homem? Quem é o diferente? Quem é o estrangeiro? Quem é o "nordestino"de quem? Quem é o "negro" de quem? Quem é o "pobre" de quem? (Lins, 1997, pp. 93 e 97).

Se há uma condição que possa representar a diferença, esta condição é a deficiência. Muito mais que a cor da pele, o gênero ou a orientação sexual, a deficiência é uma diferença que se denuncia pelo corpo disforme, pela assimetria, pelas próteses, ou pelas atividades cotidianas desempenhadas de forma incomum. A cor da pele e o gênero também se denunciam. Mas desejar mudar a cor da pele, ou o gênero, são exceções raras, de ordem e motivação estritamente individuais. Ao contrário desse exemplo, os apelos para se normalizar a diferença encarnada na deficiência são constantes e surgem de todas as partes: a começar pela medicina, que normaliza em grande escala para atender a outros setores, como o próprio indivíduo, passando pela família, pela escola, o mercado de trabalho, a vida doméstica, atendendo, finalmente, aos equipamentos e transportes urbanos, projetados para "pessoas normais". Certas práticas religiosas compõem um setor à parte, que não figura nessa lista por não sofrer influência direta do padrão de normalidade, discutido anteriormente; embora o campo religioso seja o mais antigo a se ocupar da "correção" da deficiência, sua força ainda é notada em certos grupos religiosos cujos rituais prometem a cura das deficiências, o que, em última instância, não deixa de ser uma forma peculiar de valorização da condição "normal", em detrimento da condição "anormal" atribuída à deficiência.

A pessoa com deficiência é, para todos os efeitos, um ícone da diferença. Ao mesmo tempo em que ela resiste à ordem e à normalidade estabelecidas, ela também agride esses padrões, feito uma forma anárquica de existência. Como ícone da diferença, qualquer discussão, fundamentação ou teoria acerca da diferença, alcança, direta ou indiretamente, a deficiência como condição.

Assim como a deficiência é um ícone da diferença, a cadeira de rodas é um ícone da deficiência. Esse equipamento foi usado pela primeira vez em 1655, por Stephan Farfler (1633-1689), um jovem alemão, paraplégico desde a infância e que, aos 22 anos, construiu, ele próprio, sua cadeira de rodas.[21] A cadeira de rodas é um acessório imprescindível para a grande maioria das pessoas com deficiência física, mas sua utilização vai muito além desse grupo; de fato, ela atende à diversidade funcional – gestantes, idosos, convalescentes cirúrgicos, pessoas acidentadas ou doentes, entre tantos outros – e é o único

---

[21] Pecci, 1980, pp. 71-73.

equipamento com essa versatilidade. O Símbolo Internacional de Acesso, indicador de acessibilidade no sentido mais amplo desse termo, é o desenho de um boneco numa cadeira de rodas; ao contrário do que parece, o símbolo não indica apenas o acesso *para* a cadeira de rodas, mas a existência de acesso, serviços e recursos facilitadores para as pessoas com deficiência, independentemente de usarem cadeira de rodas.

DEFICIÊNCIA E TECNOLOGIA DE PONTA: A DIMENSÃO *HIGH-TECH* DA DIFERENÇA

A geração de Stephan Farfler viveu cerca de um século antes do início da Revolução Industrial, e três séculos antes do advento da informática, mas a engenhosidade daquele rapaz fez dele uma espécie de precursor dos ciborgues atuais. Farfler, ao utilizar um recurso mecânico, conseguiu minimizar sua impossibilidade de locomoção. Aquela primeira cadeira de rodas, embora muito rudimentar, prenunciava uma noção de organismo cuja existência e funcionamento só poderiam existir a partir da fusão entre o natural e o artificial, entre o organismo humano "original" e a máquina. O produto dessa fusão surgiu em meados do século XX e recebeu o nome de *cyborg*, uma abreviatura de *cyb(ernetic) org(anism)* e refere-se a um "organismo cibernético", um suposto ser humano, cujas funções são comandadas por dispositivos artificiais.

"Cibernética" é um termo de origem grega, popularizado por Norbert Wiener (1894-1964) a partir de 1948. Originalmente, o termo *kybernetes* significa "a arte do piloto", ou "o homem que dirige". A imagem de um piloto controlando o timão de um barco a velas traduzia com perfeição a essência das idéias de Wiener.[22] Os seguidores das idéias de Wiener viram na cibernética uma ciência capaz de explicar o mundo como um conjunto de sistemas de *feedback*. Por meio desses sistemas, seria possível o controle racional e o aperfeiçoamento do desempenho de corpos, máquinas, fábricas, comunidades e praticamente qualquer coisa.[23]

Os ciborgues do fim do século XX estão entre nós, habitam o nosso mundo, mas sua presença denuncia a existência de um novo mundo, contíguo ao nosso. Em poucas décadas, essas homéricas criaturas assumiram posições de comando no campo industrial e militar, reproduzindo ações humanas, mas com desempenho muito superior ao humano. O afã tecnológico de melhorar o desempenho humano "natural" promoveu uma aproximação não planejada entre deficiência e cibernética. O corpo deficiente, tal como conhecemos, tornou-se um excitante laboratório para a cibernética, preocupada em melhorar o desempenho de militares que, devido ao seu rotineiro treinamento, já apresentavam desempenho superior à média.

> O ciborgue dos anos noventa é uma criatura mais sofisticada do que seu ancestral dos anos cinqüenta. (...) Juntas pélvicas artificiais, implantes de tímpanos para os surdos, implantes de retina para os cegos e todo o tipo de cirurgia cosmética fazem parte, hoje, do repertório médico. Sistemas de recuperação de informação *on-line* são utilizados como próteses para memórias humanas limitadas (Kunzru, 2000-B, p. 139).

Uma técnica capaz de transformar humanos avariados em ciborgues parece existir apenas nas sagas hollywoodianas de ficção científica. Esse pensamento tenta orientar nosso senso de

---

[22] Breton, 1991; Kunzru, 2000-B.

[23] Kunzru, 2000-B, pp. 137-138.

NUANÇAS DA DIFERENÇA: AS DEFICIÊNCIAS E O GÊNERO "PÓS-HUMANO" 117

realidade que, agonizante, ainda não consegue assimilar a idéia de que a ficção científica e a realidade estão separadas por uma mera questão de tempo. Assim, falar em doenças incuráveis ou deficiências irreversíveis já exige uma ressalva, algo do tipo doença *ainda* incurável, deficiência *ainda* irreversível. A ausência da ressalva transforma afirmações adjetivadas com incurável e irreversível em heresias que afrontam a ciência.

A ficção científica e a medicina contemporânea estão cheias de ciborgues, afirma Donna Haraway (2000). Essas junções entre animal e máquina, ou entre organismo e máquina, habitam mundos ambíguos que são, ao mesmo tempo, naturais e fabricados. Uma variedade de intervenções já disponíveis demonstra a forma como o corpo humano está sendo "tecnologizado", ao mesmo tempo em que as máquinas estão apresentando aspectos que podem ser chamados de "humanização" e "subjetivação". São intervenções que parecem anunciar que a extinção das deficiências, na forma como são conhecidas hoje, é um processo já iniciado:

> Implantes, transplantes, enxertos, próteses. Seres portadores de órgãos "artificiais". Seres geneticamente modificados.(...) Clones. Seres "artificiais" que superam, localizada e parcialmente (por enquanto), as limitadas qualidades e as evidentes fragilidades dos humanos. Máquinas de visão melhorada, de reações mais ágeis, de coordenação mais precisa. Máquinas de guerra melhoradas de um lado e outro da fronteira: soldados e astronautas quase "artificiais"; seres "artificiais", quase humanos. Biotecnologias. Realidades virtuais. Clonagens que embaralham as distinções entre reprodução natural e reprodução artificial. *Bits* e *bytes* que circulam, indistintamente, entre corpos humanos e corpos elétricos, tornando-os igualmente indistintos: corpos humano-elétricos (Silva, 2000-D, pp.14-15).

A lista acima representa uma realidade que Haraway chama de "*tempo mítico*", um tempo em que todos somos quimeras, híbridos compostos de máquina e organismo. Ou seja, somos todos ciborgues. O ciborgue é uma imagem condensada de dois centros de suma importância: a imaginação e a realidade material; a partir desses dois centros, é possível estruturar qualquer possibilidade de transformação histórica.[24]

> Um ciborgue é um organismo cibernético, um híbrido de máquina e organismo, uma criatura de realidade social e também uma criatura de ficção. Realidade social significa relações sociais vividas, significa nossa construção política mais importante, significa uma ficção capaz de mudar o mundo (Haraway, 2000, p. 40).

Embora a metáfora do ciborgue seja extremamente rica, ciborgues nada metafóricos estão entre nós há algumas décadas. O primeiro ciborgue, propriamente dito, foi uma cobaia, um rato de laboratório utilizado num programa experimental de um hospital de Nova York, no fim da década de cinqüenta. O que transformou aquele rato em um ciborgue foi o implante de uma pequena bomba osmótica no seu corpo, um dispositivo que injetava substâncias químicas em doses rigorosamente controladas no organismo do animal, alterando seus parâmetros fisiológicos. Aquele rato era, em parte animal, em parte máquina.[25] Antes dessa experiência, outros fatos isolados aconteceram, concretizando a fértil imaginação científica:

> Doses de insulina têm sido utilizadas para controlar os metabolismos dos diabéticos desde os anos vinte. Uma máquina constituída de uma combinação de pulmão e coração foi utilizada para controlar a circulação

---

[24] Haraway, 2000, p. 41.
[25] Kunzru, 2000-B, p. 133.

sangüínea de uma moça de 18 anos durante uma operação em 1953. Um homem de 43 anos recebeu o primeiro implante de marca-passo em 1958 (Kunzru, 2000-B, p. 135).

O que motivou o desenvolvimento dos ciborgues não foi um mero projeto tecnológico ou militar, apesar das fartas pesquisas científicas desenvolvidas no calor da Guerra Fria. Superar as limitações do corpo por meio de alguma técnica é um desejo que provoca a imaginação humana, como ocorreu com Farfler, mencionado anteriormente, que utilizando recursos bastante simples transformou esse desejo em uma cadeira de rodas – um artefato rudimentar, mas suficiente para contornar suas limitações. O mesmo desejo materializou-se na forma de avançados projetos científicos e militares que possibilitaram o desenvolvimento dos ciborgues.

Corrigir deficiências e limitações do corpo é apenas um dos caminhos por onde trilham as tecnologias ciborgueanas. Nesse segmento tecnológico é possível "melhorar" corpos humanos, ampliando suas capacidades por meio de dispositivos artificiais. O que diferencia o ciborgue atual dos seus ancestrais mecânicos é a "competência": os ciborgues atuais são projetados com recursos capazes de processar informação. "[os ciborgues atuais] trazem dentro de si sistemas causais circulares, mecanismos autônomos de controle, processamento de informação – são autômatos com uma autonomia embutida" (Kunzru, 2000-B, pp. 135-136).

Para os construtores de ciborgues, o corpo humano funciona como um computador de carne, capaz de trabalhar como uma sofisticada rede que integra um conjunto de sistemas de informação que se auto-ajustam, respondendo a outros sistemas e também ao ambiente. Para se construir um corpo melhor, ou mesmo para "aperfeiçoar" o corpo original, bastaria melhorar os sistemas de *feedback*, ou então conectar o corpo a um outro sistema. Um transplante de órgãos segue esse mesmo princípio: um coração seriamente debilitado pode ser substituído por outro. Os implantes, por sua vez, buscam superar o desempenho do órgão original, como é o caso das próteses atuais.[26] A *ciborguização* é o assunto central de uma entrevista que Donna Haraway concedeu a Hari Kunzru.[27] Na entrevista, Haraway declara que hoje somos todos ciborgues. Sua afirmação está baseada na estreita relação entre os humanos e a tecnologia; atualmente esta relação é tão sutil que já não se pode mais identificar onde termina o humano e onde começa a máquina. A presença dos ciborgues pode ser detectada à nossa volta, cercados que estamos de corpos construídos como máquinas de alta *performance*, com o humano envolvido em diferentes redes, com intervenções técnicas que extrapolam a antiga noção de "normalidade", alterando o aspecto, as condições e o desempenho natural do corpo. Haraway concentra-se especialmente nas redes biológicas e faz uma análise crítica da forma como a biotecnologia está construindo nossos corpos.

Haraway apresenta seu conceito de ciborgue a partir da noção de rede:

> O mundo [descrito por Haraway] é um mundo de redes entrelaçadas – redes que são em parte humanas, em parte máquinas; complexos híbridos de carne e metal que jogam conceitos como "natural" e "artificial" para a lata de lixo. Essas redes híbridas são os ciborgues e eles não se limitam a

---

[26] Kunzru, 2000-B, p. 135-136.

[27] O encontro entre Donna Haraway e Hari Kunzru resultou no texto "Você é um cyborgue: um encontro com Donna Haraway", publicado como capítulo do livro Antropologia do cyborgue: as vertigens do pós-humano (Silva, 2000-C), citado na bibliografia.

estar à nossa volta – eles nos incorporam. Uma linha automatizada de produção em uma fábrica, uma rede de computadores em um escritório, os dançarinos em um clube, luzes, sistemas de som – todos são construções ciborguianas de pessoas e máquinas (Kunzru, 2000-A, pp. 26-27).

Os ciborgues estão presentes nos dois lados da fronteira que demarca a distinção entre a máquina e o organismo: no território do organismo, há seres humanos que se tornam, de várias formas, artificiais – seios siliconizados, marca-passos, próteses etc. – e, no território das máquinas, seres artificiais que apresentam características humanas aperfeiçoadas.[28] As tecnologias ciborguianas dividem-se em quatro categorias: restauradoras, normalizadoras, reconfiguradoras e melhoradoras. Vejamos: as tecnologias *restauradoras* permitem restaurar funções por meio da substituição de órgãos e membros perdidos, como ocorre nos vários tipos de cirurgias de implantes e transplantes; as tecnologias *normalizadoras* permitem "normalizar", produzindo criaturas com uma indiferente normalidade; as tecnologias *reconfiguradoras* produzem criaturas iguais aos seres humanos e, ao mesmo tempo, diferente deles, como ocorre na inseminação artificial e na clonagem humana; as tecnologias *melhoradoras* produzem criaturas melhoradas em relação ao ser humano, com seleção prévia das características desejadas.[29]

Há uma nítida guerra de fronteiras na relação entre organismo e máquina, conforme destaca Donna Haraway.[30] Os territórios da produção, reprodução e da imaginação estão em jogo nessa guerra de fronteiras. A partir dessa idéia, a autora assinala três quebras de fronteira produzidas pela alta tecnologia.

---

[28] Silva, 2000-D, pp. 13-14.
[29] Gray, Mentor e Fiqueroa-Sarriera, 1995, p. 3. (APUD: Silva, 2000-D, p. 14).
[30] Haraway, 2000, pp. 41-42.

A primeira fronteira estabelecia a separação entre o humano e o animal. Com o rompimento dessa fronteira, a argumentação usada para defender o privilégio humano no uso da linguagem, no uso de instrumentos, o comportamento social e os eventos mentais, caíram por terra. Tais características humanas não mais estabelecem, de forma convincente, a separação entre o humano e o animal. O ciborgue surge como mito no ponto exato onde a fronteira entre o humano e o animal é transgredida.

A segunda fronteira a ser pulverizada, mantinha, separados e distintos, o organismo animal-humano, de um lado, e a máquina, do outro. Em outras palavras, esta segunda fronteira separava aquilo que é natural, do que é artificial; na ausência da fronteira, organismo e máquina se confundem. As tecnologias do fim do século XX têm produzido máquinas que tornam indeterminadas quaisquer diferenças entre o natural e o artificial, entre mente e corpo, entre o que se autocria e aquilo que é criado externamente, assim como tantas outras distinções que costumavam ser atribuídas aos organismos e às máquinas.

A terceira fronteira é uma derivação da segunda. Atualmente, com a ruptura da terceira fronteira, a distinção entre o físico e o não-físico é totalmente ambígua, imprecisa. Os dispositivos microeletrônicos são invisíveis e estão por toda parte. Inclusive inseridos em corpos humanos e em outras espécies do reino animal. Tais dispositivos microeletrônicos constituem a maquinaria da atualidade e nada mais existe ou funciona sem a participação, ou o comando desses minúsculos objetos "tecnonaturais".[31]

Para os mais céticos, a guerra de fronteiras produzida pela alta tecnologia pode parecer uma ficção exagerada, ou mesmo

---

[31] Haraway, 2000, pp. 44-49.

um entretenimento intelectual dos críticos da biotecnologia. Porém, o objeto desse polêmico tópico já não necessita mais de argumentos ou críticas verbais para ser admirado ou desacreditado; a guerra de fronteiras existe entre nós e à nossa volta e pode ser vista encarnada em organismos como o de Cameron Clapp, um adolescente que aos 15 anos perdeu as duas pernas e um braço. Esse exemplo demonstra, com muita realidade, os escombros da guerra de fronteiras apresentada por Donna Haraway:

Laura Ming (2005), repórter de uma revista de grande circulação no país (VEJA, edição 1930), pergunta: "o que acontece com um garoto de 15 anos que perde as duas pernas e um braço?" Ao contrário da resposta óbvia que a história da deficiência daria, a autora responde: "Se for Cameron Clapp, sai andando por aí – e ainda corre e nada". Para afastar a suposição de que o garoto é personagem de um conto ficcional, a matéria esclarece: "Como esta é uma história real, ele também sofre, chora e se revolta".

Cameron Clapp foi "reciclado para a vida" após ser atropelado e mutilado por um trem. O rapaz perdeu as duas pernas na altura dos joelhos e perdeu também todo o braço direito. O "milagre" da reciclagem veio pouco depois, pelas mãos, ou melhor, pelas próteses inteligentes desenvolvidas com as tecnologias *cyborguianas*.

> [Clapp] passou três dias em coma e saiu todo amputado, vinte dias depois. (...) Em quatro anos, ele reaprendeu a andar, correr e manipular objetos com a ajuda de próteses de alta tecnologia. (...) Durante um ano, o adolescente mutilado viveu em cadeira de rodas, reaprendendo tudo, até que a família chegou, via internet, à Hanger Orthopedic Group, empresa de Mariland que desenvolve tecnologia para próteses (Ming, 2005).

A história de Cameron Clapp ilustra de forma contundente o rompimento das três fronteiras mencionadas anteriormente. Vejamos: no seu corpo, organismo e máquina se confundem (segunda fronteira): "No início usou próteses pequenas para fortalecer os músculos inativos". Após estar adaptado às próteses comuns, a terceira fronteira também se rompe, tornando ambígua a distinção entre o físico e o não-físico que interagem no seu corpo: "Depois trocou por aparelhos com *chips* que calculam o movimento da perna e ajustam hidraulicamente os joelhos para combinarem com seu passo e o piso".

Clapp, que era um esportista comum antes do acidente, voltou a praticar esportes, já que os limites impostos pela tripla amputação foram removidos e superados. Na prática de esportes, a primeira e a segunda fronteiras são demolidas. No corpo de Clapp, além de organismo e máquina, e do físico e não-físico se confundirem, confunde-se também a distinção entre o humano e o animal, por meio de um dispositivo que é a réplica de uma parte do corpo dos anfíbios: "Para correr, tem uma [prótese] levíssima, com extremidades de fibra de carbono; para nadar, pernas e braço mecânicos mais curtos, ambos acoplados a nadadeiras" (Ming, 2005).

A história de Cameron Clapp demonstra, com assustadora clareza, que as questões apontadas por Donna Haraway não são meramente conceituais. Os aspectos funcionais, tanto de máquinas quanto de corpos "aperfeiçoados" pela biotecnocultura, produzem uma relação de grande intimidade entre a mente, o corpo e os vários instrumentos tecnológicos. O clássico dualismo entre mente e corpo não sobrevive na ausência de sólidas fronteiras, capazes de mantê-los protegidos e isolados. Haraway utiliza o desmantelamento desse dualismo básico para demonstrar que outros dualismos também estão ameaçados, especialmente os que têm sido essenciais à lógica e à prática da dominação sobre todos aqueles que foram constituídos como *Outros*, cuja tarefa consiste em espelhar o *Eu* dominante. Conforme a autora,

> Esses são os mais importantes desses problemáticos dualismos: eu/outro mente/corpo, cultura/natureza, macho/fêmea, civilizado/primitivo, realidade/aparência, todo/parte, agente/instrumento, o que faz/o que é feito, ativo/passivo, certo/errado, verdade/ilusão, total/parcial, Deus/homem. (...) A cultura *high-tech* contesta – de forma intrigante – esses dualismos. Não está claro quem faz e quem é feito na relação entre o humano e a máquina. Não está claro o que é mente e o que é corpo em máquinas que funcionam de acordo com práticas de codificação (Haraway, 2000, pp. 99-100).

O computador é apontado como o instrumento fundamental que promove e reforça o sentimento de conexão entre homem e máquina. Haraway toma como exemplo uma deficiência física para falar sobre a hibridização entre corpo e sistemas de comunicação:

> O estado de transe experimentado por muitos usuários de computadores tem-se tornado a imagem predileta dos filmes de ficção científica e das piadas culturais. Talvez os "paraplégicos" [grifo nosso] e outras pessoas seriamente afetadas possam ter (e algumas vezes têm) as experiências mais intensas de uma complexa hibridização com outros dispositivos de comunicação (Haraway, 2000, p. 100).

As pessoas com deficiência podem ser diretamente beneficiadas (ou atingidas...) pelo crescimento dos domínios da tecnocultura. As tecnologias *ciborguianas* têm o "poder" de restaurar corpos e até melhorar o seu desempenho; podem inclusive atribuir o valor de "normal" a um corpo que passa a funcionar de acordo com um determinado padrão de desempenho. De fato, estas intervenções tecnológicas já deixaram de ser ficção, o que resultará, inevitavelmente, na extinção de "padrões" de deficiência conhecidos até o momento. Quanto à questão da diferença, esse elemento crucial que sempre norteou a construção da deficiência, a *ciborguização* nada pode fazer para amenizar, neutralizar ou eliminar a diferença. Ao contrário, a tecnologia também produz diferença, especialmente quando transforma uma pessoa com deficiência numa criatura "pós-humana", batizada de ciborgue.

MONSTROS: METÁFORAS, ARTEFATOS E REALIDADE

Há uma estreita analogia entre os ciborgues e os monstros. Eles são "aparentados" tanto pela semelhança, como pela pertença. A semelhança de ambos causa, ao mesmo tempo, horror e fascínio; da mesma forma, a proximidade entre eles, assim como a reação que causam, justifica-se pelo parentesco que, metaforicamente, une as duas criaturas. A exemplo do que ocorre numa classificação biológica, se tomarmos a *diferença* como uma família, partindo dela teremos os gêneros *monstro* e *ciborgue*. Ambos são marcados pela diferença como condição "familiar"; ambos transgridem as fronteiras, de acordo com as características do seu gênero, mas diferenciam-se pelo posicionamento em relação às fronteiras: o monstro situa-se *aquém* da fronteira, ou, no máximo, "entre" os dois lados, confundindo a função e os propósitos das fronteiras do humano, ou da "normalidade". Os ciborgues, por sua vez, estão *além* da fronteira, ampliando funções e desempenho humanos, produzindo uma condição super-humana, referendada por uma "hipernormalidade".

A noção de normalidade produz um corpo ideal e, paralelamente, rejeita o diferente, o desigual, rejeita aqueles que não cabem nesse modelo idealizado. Longe de ser uma questão meramente teórica, o modelo idealizado está presente na vida real e no cotidiano, como demonstra o relato crucial, extraído de uma sessão de psicoterapia de família, espaço onde uma mãe expressa seus sentimentos diante do filho "anormal":

> Temos a sensação de possuirmos ferramentas defeituosas que fabricam bebês defeituosos (...) Eu me surpreendo com o fato do meu filho ser igual a todo mundo por fora e tão diferente por dentro (...) Meu bebê antes era normal. Tinha problemas que podiam ser melhorados com o tempo. Depois o bebê virou um bebê monstro - ele engana, ele parece que é bonito, mas não é; eu sinto como se ele fosse um bebê monstro (Cavalcante, 2001).

Segundo a mesma autora, a mãe de um bebê "defeituoso" também se sente "defeituosa", dona de um útero anômalo. Ela gerou um filho "monstro" porque também é "monstruosa" e esse horror revela uma face igualmente monstruosa da natureza humana. O corpo monstruoso desafia a hegemonia do padrão de normalidade, e por isso é tratado como uma espécie de aberração da realidade a fim de induzir, por oposição, a crença na necessidade da existência da normalidade humana.[32]

> O nascimento monstruoso mostraria como potencialmente a humanidade do homem, configurada no corpo normal, contém o germe de sua inumanidade. Qualquer coisa em nós, no mais íntimo de nós – no nosso corpo, na nossa alma, no nosso ser – nos ameaça de dissolução e caos. Qualquer coisa de imprevisível e pavoroso, de certo modo pior do que uma doença e do que a morte, (...) permanece escondido, mas pronto a manifestar-se. (Gil, 2000, pp. 176-177).

---

[32] Gil, 2000, pp. 174-175.

Assim como os ciborgues, os monstros também estão entre nós. Enquanto o ciborgue é a diferença feita silício, metal, híbrido de máquina e organismo, o monstro é a *diferença feita carne*.[33] O monstro não se situa *fora* do domínio humano, mas no seu *limite*.[34] Nessa condição, o monstro aparece como Outro dialético, como criatura que incorpora o Fora, que aproxima o distante e o abjeto, mas que origina-se no Dentro. "Qualquer tipo de alteridade pode ser inscrito através (construído através) do corpo monstruoso, mas, em sua maior parte, a diferença monstruosa tende a ser cultural, política, racial, econômica, sexual" (Cohen, 2000, p. 32).

Conforme entendemos, há que se acrescentar na lista acima a "alteridade corporal ou física", não explicitada pelo autor, mas crucial para ser apenas inferida a partir dos exemplos citados.

Conforme destaca Cohen (2000), algumas diferenças têm sido transformadas em monstruosidades; entre elas, a mulher, quando extrapola seu papel de gênero, assim como a identidade sexual "desviante", podem ser transformadas em monstros; da mesma forma, a raça, a pele negra, a cultura e a sexualidade são catalisadores clássicos para a criação de monstros. De acordo com o autor, essas diferenças foram moralizadas através de uma retórica generalizada de desvio (pp. 35-37).

Os monstros nascem de um conjunto de conveniências autojustificadoras, seja no campo social, econômico, político ou religioso. Tais conveniências existem para justificar as invasões, as usurpações, as colonizações, as interdições e proibições de alguns comportamentos e a valorização de outros:

> É possível, por exemplo, que os mercadores medievais tenham, intencionalmente, disseminado mapas que descreviam a existência de

---

[33] Cohen, 2000, p. 32.

[34] Gil, 2000, p. 170.

serpentes nas margens de suas rotas comerciais para desencorajar outras explorações e estabelecer monopólios. Todo monstro constitui,
dessa forma, uma narrativa dupla, duas histórias vivas: uma que descreve
como o monstro pode ser, e outra – seu testemunho – que detalha a que
uso cultural o monstro serve. O monstro da proibição existe para demar-
car os laços que mantêm unido aquele sistema de relações que chamamos
cultura, para chamar a atenção – uma horrível atenção – a fronteiras que
não podem – não devem – ser cruzadas (Cohen, 2000, pp. 42-43).

Dentre as conveniências autojustificadoras que produzem
monstros, o autor menciona, como exemplo, a "história" das
anciãs de Salém, dos judeus erradicados na Inglaterra, no século
XIII, e dos índios do oeste americano. O uso cultural a que se
prestam tais histórias indica que as anciãs de Salém, acusadas
de manterem relações sexuais com o demônio, morreram, de
fato, porque cruzaram uma fronteira que proibia às mulheres
administrar propriedades e viver solitárias, de forma independente. Quanto aos judeus que viviam na Inglaterra por volta do
século XIII, pesava sobre eles a acusação de roubarem crianças
de famílias decentes e, com o sangue delas, prepararem pães
ázimos; esta narrativa descreve a "ameaça" à sobrevivência da
raça e da cultura inglesas, o que justificou a expulsão dos judeus
e o confisco de suas propriedades. A narrativa não-oficial, por
sua vez, denuncia uma economia de conteúdo monstruoso, que
conspirou pela expulsão de judeus usurários, a quem o Estado e
o comércio deviam muito dinheiro. Já na América do século
XIX, circulavam histórias sobre índios que seqüestravam mulheres brancas para torná-las suas esposas; tais histórias
"transformaram" o Oeste num lugar perigoso, selvagem, cujos
nativos deveriam ser desempossados para que o território hostil
fosse domesticado e transformado em fazendas produtivas.

Os monstros nunca são criados ex-*nihilo*; (...) [eles surgem] no intervalo em que a diferença é percebida como a divisão entre, de um lado, a voz que registra a "existência" do "diferente" e, de outro, o sujeito assim definido. O critério dessa divisão é arbitrário, e pode ir desde a anatomia ou a cor da pele até à crença religiosa, ao costume e à ideologia política. A destrutividade do monstro é realmente uma desconstrutividade: ele ameaça revelar que a diferença tem origem no processo e não no fato (e que o "fato" está sujeito à constante reconstrução e mudança) (Cohen, 2000, pp. 39; 44-45).

A deficiência, senão de fato, é, metaforicamente, uma monstruosidade. Ao contrário dos monstros produzidos por conveniências autojustificadoras, a deficiência, naquilo que ela tem de biológico ou anatômico, nasce através de uma gestação natural, ou então surge como conseqüência de uma doença ou incidente qualquer. Partindo de um fato biológico, ou anatômico, e independentemente da extensão ou gravidade, a pessoa com deficiência apresenta uma diferença que burla a fronteira da normalidade. Só por burlar essa fronteira, a deficiência já seria uma monstruosidade. O monstro, encarnado na diferença apresentada pela pessoa com deficiência, acaba por revelar algo muito assustador acerca da condição humana. "Os monstros, felizmente, existem não para nos mostrar o que não somos, mas para mostrar o que poderíamos ser. Entre estes dois pólos, entre uma possibilidade negativa e um acaso possível tentamos situar a nossa humanidade de homens" (Gil, 2000, p. 168).

O lugar da condição humana sempre esteve ameaçado pelos nascimentos monstruosos. Desde a Antigüidade, conforme apresentado no primeiro capítulo, as diferenças percebidas no corpo foram tratadas como uma condição inaceitável no convívio social e religioso, resultando em segregação e maus-tratos de toda a ordem. Na atualidade, com os avanços da genética e das biotecnociências, nascimentos, de fato, monstruosos tendem a se tornar cada vez mais raros. Entretanto, outros tipos de monstruosidades parecem reeditar a mesma ameaça produzida pelas monstruosidades congênitas. Os monstros "artificiais" estão se popularizando, graças também ao avanço da medicina e das biotecnociências; o corpo idealizado, construído sobre os alicerces do padrão de normalidade, apresenta uma diferença *positiva*, desejável, uma diferença que resulta em *status*. Como exemplo dessa diferença *positiva*, vale destacar a sofisticação das próteses utilizadas para substituir pernas e braços humanos, que, além de recompor a função do membro amputado, também atribuem ao seu usuário um certo "empoderamento", jamais obtido com as cadeiras de rodas, as próteses "primitivas" ou a ajuda de terceiros. Ao contrário da situação atual, os recursos disponíveis antes da sofisticação tecnológica, embora suprissem em menor grau as necessidades de ordem funcional, sua utilização causava constrangimento e, efetivamente, não produziam o *status* adquirido com a utilização dos acessórios atuais. A imagem do constrangimento era, literalmente, a da cadeira de rodas e um sisudo cobertor cobrindo (escondendo?...) as pernas, uma cena bem diferente das reluzentes próteses cibernéticas, expostas sob as bermudas de seus descontraídos usuários...

De fato, ciborgues e monstros não são pessoas, no sentido filosófico do termo. Por mais que haja pessoas com uma estrutura física híbrida, e que, em detrimento dessa contingência, estejam na condição de Outro, ainda assim, ciborgues e monstros, no momento presente, ainda são sintomas, são sinalizadores que indicam a instabilidade crescente das fronteiras que – supunha-se – mantinham seguras e intocáveis a condição humana, o corpo, a noção de identidade e a presunçosa normalidade.

Diante do monstro, a análise científica e sua ordenada racionalidade se desintegram.

> O monstruoso é uma espécie demasiadamente grande para ser encapsulada em qualquer sistema conceitual; a própria existência do monstro constitui uma desapropriação da fronteira e do fechamento (Cohen, 2000, pp. 31-32).

Ciborgues e monstros trazem à tona uma crise de categorias, de formato e abrangência inéditos. A própria deficiência, como categoria, está em xeque neste momento, mas a ameaça que repousa sobre ela é menos assustadora do que aquela que paira sobre o corpo, sobre a condição humana e, em especial, sobre a "normalidade". Corpo e normalidade são categorias que sempre estiveram ameaçadas devido à dependência de uma alteridade que pudesse, de fora, sustentá-las, confirmando seu valor e sua condição. Diante de ciborgues e monstros, sentimo-nos mergulhados numa curiosa confusão conceitual, física e orgânica; uma confusão que, absolutamente, não significa a negação do humano, mas que expõe, sem rodeios, suas fragilidades e pretensões, ao mesmo tempo em que preserva intacta a diferença.

O gênero "pós-humano", encarnado nos ciborgues, torna obsoletos os atributos e os privilégios próprios da normalidade. Ironicamente, certo preciosismo camuflado na presunçosa normalidade contribuiu para o surgimento dos ciborgues: eles foram criados tão "normais", que a normalidade passou a apresentar, em relação aos ciborgues, as mesmas limitações, incapacidades e restrições que ela própria – sim, a normalidade! – nunca tolerou, e que resultou, portanto, na invenção da deficiência. A deficiência, propriamente dita, até então utilizada para confirmar a normalidade de tantos, agora é utilizada como uma espécie de matriz, ou como um corpo-base, para o "aperfeiçoamento" do organismo humano. Com o advento do gênero "pós-humano", ser "deficiente" é hipernormal!

CAPÍTULO 5

Cotidiano e deficiência: variações empíricas

O elemento central neste último capítulo é a experiência da deficiência na vida cotidiana. A partir de uma perspectiva vivencial abordamos, de forma prática, alguns aspectos teóricos, discutidos nos capítulos anteriores. A inspiração e os elementos vivenciais referidos e inferidos neste capítulo fazem parte da vivência do próprio autor – uma experiência de mais de duas décadas – bem como do contato com uma enorme rede de pares, composta por amigos, familiares, profissionais diversos, formadores de opinião e pessoas conhecidas, todos apresentando alguma deficiência, ou muito próximos a ela.

EXPERIMENTANDO LÚBRICOS CONCEITOS

A extensa discussão em torno da conceituação da deficiência e dos termos adequados para se referir a ela é, de fato, uma questão acadêmica. Os "formuladores" de conceitos e termos parecem ter dado maior atenção aos rigores da racionalidade que exigia termos coerentes e bem construídos, deixando de lado as pessoas envolvidas diretamente com o fenômeno, que precisava ser enquadrado metodologicamente. Apesar do esforço e do critério aplicado na discussão, os termos adotados até então não conseguiram remover a carga depreciativa, discriminatória e pejorativa imposta sobre a diversidade funcional. Curiosamente, os termos adotados formalmente – deficiente, portador, incapacidade/incapacitado, invalidez/inválido, disfunção, anormal, necessidades especiais etc. –, todos, explícita ou implicitamente, destacam a diversidade funcional como algo negativo.

À época em que me tornei paraplégico, "deficiente" ainda era um termo novo, porém era usado com a mesma conotação dos antigos termos que se propunha substituir. "Deficiente" parecia impor uma desconfortável condição de incapacidade e ineficiência que eu não reconhecia em mim. Havia certo desconforto em se pronunciar qualquer palavra que se referisse diretamente à deficiência de uma pessoa próxima; o desconforto, ou constrangimento, não era causado pelo termo em si, mas pela situação indesejável a que eles reportavam.

A preocupação com a terminologia surgiu fora do contexto da deficiência. Por ocasião do Ano Internacional da Pessoa Portadora de Deficiência, em 1981, a discussão sobre temas ligados ao assunto alcançou, de fato, o público mais interessado na questão. Curiosamente, a bandeira da "Plena Participação e Igualdade" foi erguida sem nenhuma reivindicação específica quanto à terminologia; ou seja, um grupo que reivindica respeito e dignidade quer ser chamado pelo próprio nome, pois este é o termo que exprime a qualidade de pessoa. Creio que esta é uma confirmação, dada pelo próprio grupo, de que a discussão em torno dos conceitos e da terminologia era, na época, uma questão externa ao cotidiano das pessoas com deficiência.

Havia uma espécie de conflito entre a vaga idéia que eu tinha sobre a deficiência, antes do acidente, e aquilo que sentia e experimentava depois do acidente. Eu tinha a clara convicção de que a vida tinha de continuar, apesar de tudo. Aquelas idéias de "estar confinado a uma cadeira de rodas", de "deficiência" como uma condição triste e arrasadora, como uma "morte em vida", tão arraigadas na cultura e no senso comum, não eram confirmadas pelos meus próprios sentimentos. Experimentava, naquele contexto inicial, uma situação muito difícil, dolorosa – mais no sentido moral do que físico – que deveria ser administrada, já que mudaria profundamente toda a minha vida. A situação vivida naquele primeiro momento, quando eu começava a me dar conta da situação, é simplesmente intraduzível. Jamais encontrei um termo que pudesse descrever a situação em si, especialmente os sentimentos envolvidos no cotidiano da deficiência.

Deficiência

Quando conheci formalmente a terminologia "adequada", algo soou mal. Parecia que não se referia a mim. Estava claro, naquele momento, que havia uma perda de função, mas não fazia o menor sentido dar àquela condição o nome de "deficiência", ou, em termos mais práticos, "não-eficiência", da mesma forma que não fazia sentido admitir e absorver um rótulo de "deficiente". Posteriormente, a clareza sobre a perda de função foi pulverizada. De fato, não houve perda, mas, uma nova configuração funcional. A perda só faz sentido se compararmos a nova configuração funcional, que é pessoal, a um padrão externo, coletivo, inventado a partir do conceito de normalidade. A nova configuração funcional, ao contrário, é uma comparação cuja referência sou eu mesmo: antes do acidente, meu corpo funcionava de uma determinada forma; após o acidente, passou a funcionar de uma outra forma. A deficiência foi inventada, construída ou determinada a partir dessa nova maneira de funcionar. Ou seja, o "termo deficiência" desvirtua e deprecia a variação funcional.

Incapacidade

A aplicação desse termo é desastrosa. Se uma pessoa não consegue mais andar, movimentar-se, ver ou ouvir, isto é uma restrição decorrente de uma perda de função, ou, utilizando o termo convencional, é decorrente de uma "deficiência". A incapacidade, nesse caso, refere-se a uma variação funcional quanto ao andar, movimentar-se, ver ou ouvir. Partindo da mesma situação, uma formulação coerente, positiva e não-discriminatória seria dizer que há ali uma *diferença funcional*.

O que há de desastroso com a terminologia e as práticas atuais é que, mesmo corrigindo as "restrições" – há instrumentos com essa finalidade! –, permanece a (des)qualificação de incapaz. A correção não elimina a incapacidade e isso é de uma incoerência brutal. Essa incoerência demonstra que o termo "incapacidade" adquiriu, no âmbito da diversidade funcional, uma conotação subjetiva, perversa. Da mesma forma, os instrumentos desenvolvidos exatamente para corrigir as restrições acabaram adquirindo uma função extra aos olhos do senso comum: eles delatam seus usuários para a sociedade: *"aqui está uma pessoa incapaz!"*. É igualmente desastroso atribuir incapacidade a uma pessoa cujas restrições são específicas e focais; em outras palavras, o não ver, o não ouvir, o não andar, não comprometem, de fato, a capacidade de uma pessoa. As ocorrências de incapacidade realmente decorrentes destas perdas de função, ou, melhor dizendo, destas novas configurações funcionais, estão afetadas por variáveis sociais e ambientais que extrapolam a condição física em si, agravando os limites supostamente causados pela diferença funcional.

Desvantagem

Nossa crítica à desvantagem é uma mera questão de ajuste. A desvantagem geralmente é descrita como perdas, prejuízos, restrições ou dificuldades decorrentes de uma deficiência ou incapacidade. A sociedade, o senso comum e muitas pessoas com diversidade funcional acreditam que há um conjunto de perdas decorrentes da deficiência e/ou da incapacidade. Fomos ensinados assim e nos acostumamos com essa (falsa) idéia. Entretanto, mesmo os que acreditam nessa idéia, consideram que a ordem social limita e produz desvantagens tanto quanto as deficiências. A discussão sobre conceituação e terminologia ignora ou minimiza as desvantagens sociais, pois elas ocorrem fora do território médico e extrapolam o campo teórico. Os prejuízos sociais não são da ordem do diagnóstico, mas do cotidiano, onde são sofridos. O ajuste nesse conceito depende da eliminação da relação de causa e efeito entre a deficiência e as desvantagens, como se estas fossem conseqüência daquela. Seria mais pertinente afirmar que as desvantagens supostamente decorrentes da deficiência ou estão relacionadas diretamente com os aspectos do ambiente, ou são seriamente agravadas por eles. É evidente que esse ambiente não se restringe apenas ao meio físico, mas, engloba com igual relevância, a ordem e as condições sociais, as políticas públicas, os equipamentos urbanos, a economia, o mercado de trabalho, a cultura da deficiência. Se todas essas instâncias levassem em conta a diversidade funcional e a necessidade de todos, não faria o menor sentido discutir incapacidade e desvantagem como aspectos decorrentes da deficiência. Mesmo porque, a própria idéia de deficiência seria riscada de nossas mentes e dicionários, pois estaríamos todos familiarizados com a diversidade funcional.

Perspectivas e recortes da vida cotidiana

Entre as várias perspectivas da deficiência, a religiosa – referida na literatura como Modelo Religioso – pode ser apontada como a mais influente. Durante muitos séculos, o pensamento, as crenças e as práticas ligadas à deficiência estiveram vinculadas a aspectos religiosos e sobrenaturais, de forma que ainda hoje tal influência pode ser percebida. Pode-se dizer que apenas a violência e os maus-tratos explícitos ficaram no passado, cedendo espaço para formas menos truculentas e mais "civilizadas" de violência, discriminação e segregação social.

Fala-se muito na perspectiva médica – ou Modelo Médico –, mas as bases dessa abordagem também são fortemente influenciadas pela perspectiva religiosa. Os pressupostos da perspectiva médica são mais conhecidos e aparentemente mais influentes justamente por serem mais explícitos se comparados com as sutilezas da influência religiosa. Além desse aspecto mais prático, a perspectiva médica tem a "chancela" de em uma poderosa instituição chamada Ciência. Basta pensar na força – ou no poder – de um diagnóstico ou de um laudo médico que tem como objeto uma deficiência. Ou seja, o que distingue uma perspectiva da outra é basicamente a fundamentação: a crença na influência sobrenatural sustenta a perspectiva religiosa, e a crença no conhecimento racional sustenta a perspectiva médica.

É perfeitamente possível associar as várias formas de discriminação na contemporaneidade às formas de eliminação das pessoas com deficiência praticadas no passado, sob a influência de crenças religiosas. Porém, essa influência é ainda mais abrangente, podendo ser identificada na formulação e internalização da culpa, na expectativa por milagres e até mesmo nas relações sociais, esse campo da vida cotidiana no qual as pessoas com deficiência são vistas como carentes de algum tipo de ajuda, ou como alvo de uma caridade camuflada de gentileza e benevolência. A influência desse modelo norteia até mesmo a relação entre as pessoas com deficiência e a medicina, apesar da abordagem racional intermediar a relação.

Historicamente, as bases da perspectiva religiosa vigoraram hegemônicas até o século XVI. Mas, com a chegada da deficiência, não há quem não tenha fé, ou esperança em alguma divindade. Mesmo as pessoas sem uma vida religiosa declarada não rejeitam orações, preces, promessas e outras práticas que evocam forças sobrenaturais. As explicações apresentadas pela perspectiva religiosa, embora superadas no plano teórico e racional, são as primeiras alternativas encontradas para se explicar a razão de ser de uma deficiência. E como nenhuma explicação racional é suficiente para transformar os sentimentos confusos que surgem com a deficiência, o sobrenatural é evocado, ao mesmo tempo em que uma dolorosa culpa é instalada.

O sentimento de culpa é muito, muito comum e pode ser observado em praticamente todas as formas de deficiência. Os pais (especialmente a mãe) de uma criança com deficiência sentem culpa por tê-la feito "assim"; os adultos que adquirem uma deficiência se culpam ao identificar uma suposta causa, associada a algo que se fez ou se deixou de fazer; da mesma forma, os familiares se culpam por não ter podido evitar tal fato, como se isso fosse possível. A culpa, inevitavelmente, produz uma espécie de diálogo com o sobrenatural: "por que eu?", "por que comigo?", ou "por que com meu filho?"... A indagação materna costuma ser: "por que não comigo?", em uma tentativa de tomar para si aquela condição que é da criança.

A culpa costuma ter ainda uma outra dimensão, desencadeada pela não aceitação da deficiência. A culpa, descrita acima, é pela suposta responsabilidade pela deficiência, comum na mãe que gerou, na pessoa que não evitou, no motorista que

140 ANATOMIA DA DIFERENÇA

bebeu ou dormiu, e assim por diante. Essa outra faceta da culpa ocorre exatamente pela falta de resignação, essa atitude estimulada pelas religiões, que implica suportar pacientemente os sofrimentos da vida. O não aceitar, o não compreender, e o não saber como lidar, demonstram falta de resignação e, por isso, também produzem culpa.

A expectativa do milagre é outra influência, perfeitamente adaptada à vida contemporânea. A deficiência mobiliza o sentimento religioso e a fé das pessoas envolvidas, independentemente de adotarem ou não uma religião. Mesmo quando tais aspectos não envolvem uma vida religiosa formal, o sentimento religioso e a fé são projetados na medicina, como se esta fosse uma deusa de poderes espetaculares, assim como na figura do médico, o homem-sacerdote de roupas brancas que invoca os poderes da medicina. O trabalho de Diniz (1996), sobre crianças com paralisia cerebral grave, tratadas no Hospital Sarah, ilustra de forma contundente essa questão:

[Os familiares] esperam que a medicina novamente volte a estar ligada à magia, pois este seria, hoje, o único caminho para a tão esperada cura. (...) Esperam-se verdadeiros milagres. (...) O Hospital Sarah, ao menos para estas famílias e pacientes, é como um templo onde as pessoas vêm em busca de milagres que a medicina insiste em afirmar-lhes serem impossíveis de produzir (Diniz, 1996).

Mesmo quando não se cogita qualquer intervenção sobrenatural, as expectativas depositadas nas intervenções médicas ganham a dimensão de uma fé, no sentido religioso do termo. Tal é a expectativa contemporânea acerca da utilização de células-tronco na esperança-tentativa de curar todas, ou, pelo menos, muitas deficiências. Até mesmo as calorosas discussões entre religiosos, pesquisadores e políticos sobre as pesquisas com células-tronco reproduzem, de certa forma, a antiga influência religiosa nas discussões envolvendo o corpo, as doenças e as deficiências. Os recentes embates ocorridos por ocasião da aprovação da Lei de Biossegurança (Lei 11.105, de 24 de março de 2005) foram marcadamente influenciados por conceitos religiosos.

A influência religiosa, conforme entendemos, também está presente nas relações familiares e sociais no trato com a deficiência. No âmbito familiar, o convívio com a deficiência pode produzir uma espécie de "relação mística", na qual a pessoa com deficiência (especialmente crianças, mas também adultos com deficiência intelectual) é considerada como detentora de características, poderes ou atributos que a diferenciam dos humanos "comuns". Conforme relato etnográfico de Cardoso (2003),

> As crianças com síndrome de Down, normalmente são apresentadas como cordatas, afetuosas, meigas, brincalhonas, portadoras de lições de vida, impulsionadoras de modificações profundamente humanitárias em seus pais e parentes, inclusive, literalmente sendo chamadas de "anjos" em diversas ocasiões, como entrevistas que se concedem sobre elas, em livros que sobre elas se escrevem, ou na consulta médica. "Ela é a luz da minha vida"; "Deus nos mandou esse anjo"; "Ele é quem me ensina" são expressões registradas no diário de campo, dentre muitas outras, que indicam claramente esse tipo metafórico de construção social da criança com síndrome de Down (Cardoso, 2003).

Nas interações sociais, comportamentos bastante corriqueiros demonstram como a influência religiosa está presente no trato com as pessoas com deficiência. Para discutir esse comportamento, é necessário uma breve digressão.

Conforme demonstrado no primeiro capítulo, a partir da Idade Média, a Igreja passou a acreditar que as pessoas com deficiência possuíam uma alma, podendo, assim, ser consideradas como filhas de Deus. Essa nova concepção resultou numa diminuição dos maus-tratos, das torturas e do abandono; as pessoas com deficiência passaram a ser acolhidas em instituições de caridade. Estas instituições de amparo à deficiência funcionaram, de fato, como um atestado público de invalidez, uma marca social que promoveu o fortalecimento do preconceito e da discriminação. Pouco mais tarde, por volta do século XVIII, com as instituições de caridade já fazendo parte do cotidiano da deficiência, uma nova concepção de deficiência começava a ser delineada no campo médico.

Naquele momento, as concepções religiosa e médica de deficiência se somaram. As pessoas com deficiência, costumeiramente "acolhidas" pela caridade dos religiosos, receberam da medicina o diagnóstico de "incapazes", por apresentarem disfunções em seus corpos, por desviarem da normalidade e por constituírem uma "força morta", inadequada para o mercado de trabalho. Os efeitos subseqüentes dessa mescla de caridade e *veredictum* médico foram tão marcantes e tão negativos para a questão da deficiência, a ponto de a relação invalidez-caridade nunca ter sido plenamente eliminada da imagem social das pessoas com deficiência.

No trato com as pessoas com deficiência destacam-se atitudes que, conforme entendemos, preservam, ainda hoje, a antiga relação invalidez-caridade. São atitudes cotidianas, corriqueiras, que se manifestam na forma de tratamento, nas "gentilezas", nas abordagens indiretas, feitas a um suposto tutor, e, especialmente, numa prontidão incomum para a "ajuda não solicitada". O contexto destas atitudes, para nós, pessoas com deficiência, demonstra uma total falta de nexo, uma *gestalt* incompleta, estranha. Para muitos pares, tais atitudes não passam de manifestações preconceituosas. Porém, é possível perceber uma "intenção oculta" quando associamos os comportamentos e atitudes atuais a uma antiga motivação de cunho religioso, caritativo, porém moral e socialmente danosa para a nossa imagem. A herança social que restou da "benevolência" do passado manifesta-se hoje em atitudes e comportamentos aparentemente inofensivos, que revelam o sentido da deficiência no imaginário social. Vejamos alguns exemplos reais de situações já vivenciadas por mim, ou por pares muito próximos.

A ADJETIVAÇÃO "NATURAL"

Há um adjetivo que acompanha a deficiência. Qualquer que seja a deficiência, qualquer que seja o contexto, rural, urbano, lá está o adjetivo "coitado", sempre presente no contexto da "deficiência". É muito "natural" referir-se a alguém com deficiência com essa adjetivação. De fato, esse vocábulo também é usado como uma interjeição popular, sem nenhuma conotação negativa, pejorativa. Mas, em se tratando da deficiência, não é esse o caso. Senão, vejamos o que nos apresenta o mais tradicional dicionário da língua portuguesa (Ferreira, 1999):

> Coitado: (de coitar, no sentido de afligir, desgraçar). Desgraçado; mísero, pobre infeliz.

A palavra *"desgraçado"*, que aparece no significado de *"coitado"*, também merece uma análise mais detalhada.

> Desgraça: má sorte; infortúnio; miséria, penúria; infelicidade; privação da graça de alguém; desfavor; <u>pessoa inábil</u>, <u>incapaz</u>, <u>inepta</u> [grifos nossos].
>
> Desgraçado: de má sorte; infeliz; desventurado; infausto; muito pobre, miserável, indigente; <u>inábil</u>, <u>incapaz; vil</u>, <u>desprezível</u>, <u>abjeto</u> [grifos nossos].

Graça: Favor dispensado ou recebido; <u>beleza</u>, <u>elegância ou atrativo de</u> <u>forma</u>, de aspecto, de composição, de expressão, de gestos <u>ou de mo</u>vimentos [grifos nossos]; (Teo) Dom ou virtude especial concedido por Deus como meio de salvação ou santificação.

É curioso como um vocábulo usado com tanta naturalidade possa resumir a história e o *status* social da deficiência, como o faz o termo "coitado". Nele estão encerrados desde o conceito mais remoto (a privação da graça, no sentido religioso do termo), passando pelo conceito médico (inábil, incapaz, inepto, desprovido de graça na forma e nos movimentos) e, finalmente, as concepções social e popular, qual seja, a de infeliz, desafortunado, miserável, indigente. Embora o grande público desconheça essa rede de significados e sentidos, e mesmo que não se tenha qualquer intenção pejorativa, ao adjetivar uma pessoa com deficiência utilizando o referido vocábulo dá-se a ela um sentido extremamente degradante. Mais curioso ainda, é que, em se tratando de pessoas com deficiência, mesmo as pessoas mais simples, até mesmo aquelas sem instrução formal e que desconhecem por completo estas sutilezas da língua, detestam ser chamadas de "coitadas".

A "generosidade"

Essa "generosidade" é motivo de riso, pois, ao ser relatada aos amigos, parece que estamos, de fato, fazendo piada. Pode parecer inacreditável, mas, eventualmente, nós, usuários de cadeira de rodas, somos abordados por uma mão estendida que oferece esmola. Eu mesmo já fui abordado algumas vezes, especialmente estando diante de uma porta de banco, no aguardo da liberação do acesso pela porta comum (cadeiras de rodas não passam pela porta giratória). A sensação diante da "mão estendida" não é nada, nada agradável. O primeiro impulso é de rechaçar agressivamente essa "generosidade", tamanho o despropósito desse gesto, afinal, há no mendicante, além da iniciativa de pedir a esmola, uma caracterização patente, visível, notória, que em nada se assemelha a uma pessoa comum que transita pelas ruas, mesmo que numa cadeira de rodas. O gesto "generoso" da esmola é próprio de quem se compadece do "coitado", que depende da caridade alheia para sobreviver. A prática é antiga, mas absurdamente inadequada e desrespeitosa, pois, além de tomar a pessoa com deficiência por objeto de caridade, um gesto dessa natureza é bem mais eloqüente do que uma declaração verbal explícita, do tipo *"você é um inválido"*, ou *"você é um incapaz"*.

A EXPECTATIVA DA TUTELA

Na recepção de um consultório médico, de uma empresa, uma escola ou ambientes congêneres, onde se busca informação ou se resolvem questões burocráticas, é muito comum a recepção abordar o suposto acompanhante, e não a pessoa com deficiência. É como se a pessoa que acompanha – que pode ser amigo(a), parente, esposo(a) – estivesse "tomando conta", ou "ajudando" a pessoa com deficiência a resolver algo que, sozinha, ela teria dificuldades. Essa prática é tão curiosa, a ponto de já terem pedido minhas informações pessoais (número de algum documento; a minha idade; o meu endereço ou telefone) a alguém que, por acaso, estava ao meu lado, mas que não me acompanhava, nem mesmo me conhecia; noutra circunstância, num consultório médico, sem nenhum "tutor" à vista, me perguntaram: *"O senhor está sozinho?"*.

Atitudes dessa natureza pressupõem a incapacidade da pessoa com deficiência até mesmo de falar por si. Para analisar com maior isenção tais atitudes, basta compará-las a situações semelhantes, substituindo a pessoa com deficiência por uma pessoa "normal": muitas pessoas vão sozinhas ao médico e não são perguntadas se estão ou não sozinhas; também não é comum pedir as informações pessoais de alguém – que está presente e que fala por si – a um terceiro.

A PRONTIDÃO PARA A AJUDA NÃO SOLICITADA

A ajuda não solicitada é outra atitude extremamente corriqueira. O melhor exemplo, real e praticamente diário, ocorre quando preciso atravessar uma rua. Enquanto aguardo o sinal verde para os pedestres, geralmente com várias pessoas à volta, surge, então, o oferecimento de ajuda. Basta parar num cruzamento para atrair o oferecimento de ajuda não solicitada. Já aconteceu de estar aguardando o sinal e a "ajuda" chegar, sem solicitação ou oferecimento prévio, e repentinamente, a cadeira de rodas começar a mover sem o meu comando, conduzida por uma pessoa "bondosa", apressada e... indelicadamente invasiva.

Aos olhos da pessoa que oferece ajuda, e também de quem assiste de fora a cena, isso pode parecer uma simples gentileza. Mas, se é uma gentileza, por que seria oferecida apenas à pessoa com deficiência? Os "não-deficientes" – idosos, pessoas carregando sacolas... – não são merecedores da mesma gentileza? Certa vez uma pessoa se dirigiu a mim, enquanto eu e um grupo aguardávamos o sinal abrir: *"O sinal está fechado para o senhor. Espere só um pouquinho."* Por que esse "alerta" só para mim? E por que esta forma de falar, como se estivesse se dirigindo a uma criança? Nesse caso, em particular, a ajuda não solicitada veio acumulada por outra atitude, a infantilização, baseada na crença de que pessoas com deficiência são puras e inocentes como crianças.

Entendo que tais atitudes não são meras demonstrações de gentileza, civilidade ou cidadania. Há, sim, oferecimentos de ajuda motivados por gentileza e eles podem ser diferenciados dos demais. Quando se manifesta gentileza, geralmente o oferecimento de ajuda chega com simpatia, com um sorriso e algumas vezes inicia-se um curto diálogo trivial, demonstrando uma atenção de pessoa a pessoa. Percebo, por outro lado, que há certo distanciamento quando a ajuda é oferecida por motivações outras, que não uma simples gentileza.

As atitudes descritas nos exemplos acima, e tantas outras semelhantes, fazem parte de uma herança social, histórica, que ainda hoje vê na pessoa com deficiência alguém incapaz de cuidar de si, de falar por si, incapaz de viver de forma independente e autônoma. A caridade pode ser identificada historicamente como a motivação mais remota envolvida no "acolhimento" das pessoas com deficiência. Durante muitos séculos tal "virtude" tem sido estimulada pelas religiões e aplicada em atitudes e comportamentos associados à deficiência. Dessa forma, a caridade tornou-se uma manifestação "natural" diante de uma pessoa com deficiência, assim como o adjetivo "coitado", a expectativa da tutela e a prontidão para a ajuda não solicitada são "naturais" na atualidade.

A semelhança entre passado e presente não está apenas na espontaneidade das ações, mas na continuidade entre elas. Os exemplos apresentados acima têm suas raízes mais profundas arraigadas na antiga vinculação da deficiência ao sobrenatural, com todas as variações descritas pela história, passando da eliminação à segregação e ao acolhimento, produzindo, em tempos mais recentes, atitudes naturais dotadas de um imperceptível "preconceito branco" que camufla a idéia de invalidez atrelada à deficiência, e a caridade a ela dispensada.

A medicina, por sua vez, ao determinar a incapacidade e a invalidez das pessoas com deficiência, acabou reforçando indiretamente a prática da caridade dirigidas a elas. Incapacidade e invalidez sempre foram condições vizinhas da pobreza, e esta, por sua vez, já era objeto de caridade antes mesmo de a medicina oferecer uma explicação objetiva para a origem da deficiência. Dessa forma, a deficiência, que já era objeto de caridade desde o início da era cristã – os primeiros asilos para pessoas com deficiência remontam aos séculos IV e V – recebeu da medicina um rótulo extra que legitimou a prática.

O avanço da medicina produziu uma nova concepção de deficiência, mas não alterou em nada a situação, o estado ou a condição de vida de nenhuma pessoa com deficiência. De fato, para a ciência e a medicina, interessava apenas superar as explicações místicas, propondo conceitos lógicos e teses racionais para explicar o corpo, a vida e o mundo. As explicações místicas aos poucos foram superadas, mas nenhum cientista ou médico poderia prever que a visão mecanicista do corpo, assim como a disfuncionalidade e anormalidade dela derivadas, se transformariam, pouco mais tarde, em novas formas de discriminação social e de preconceito. A antiga desqualificação por motivos sobrenaturais, especulativos e subjetivos permaneceu; mudaram apenas as justificativas: com o advento da ciência moderna, as justificativas para a desqualificação tornaram-se objetivas, racionais e "cientificamente legitimadas".

Ao determinar a incapacidade da pessoa com deficiência, a abordagem médica enfatiza a dependência. No passado, essa noção de incapacidade fomentou ainda mais os atos caridosos, a institucionalização e a tutela da Igreja, do Estado e da família. Na prática, esse "cuidado" tornou-se uma forma de segregação benevolente, reforçando um *status* negativo, cuja influência pode ser sentida ainda hoje.

A condição de vida das pessoas com deficiência permaneceu em segundo plano até a segunda metade do século passado. O prenúncio de mudança percebido naquele período coincide com o surgimento de novos conceitos que apresentaram, de fato, novas abordagens da deficiência. Sob a influência das perspectivas religiosa e médica, a deficiência era de responsabilidade espiritual ou física do próprio indivíduo, ou, no máximo, de sua família. Com as novas abordagens, o *locus* da deficiência deixou de ser o próprio indivíduo, uma vez que a ordem social está profundamente envolvida na questão da deficiência, seja produzindo novos aspectos, seja agravando os já existentes. Essa constatação representa um avanço real, pois aborda a deficiência como uma construção social; com esse enfoque, as soluções deixam de ser orientadas para a normalização ou reabilitação da pessoa individualmente, mas para a sociedade, que deve, ela própria, ser "normalizada" e "reabilitada", repensada e redesenhada para fazer frente às necessidades de todos, sem qualquer exceção. Isto equivale a reconhecer e respeitar a diversidade funcional como um atributo natural da condição humana, um fator que deve nortear, sem qualquer exceção, todas as práticas da vida em sociedade.

Com a variedade de modelos e perspectivas, a deficiência tornou-se, de fato, um objeto de discussão nos campos da educação, política, direitos humanos, entre outros. Aquela linearidade observada entre os modelos religioso e médico deixou de existir na medida em que a deficiência extrapolou a dimensão individual e a pessoa deixou de ser responsabilizada pelo seu aspecto físico ou funcional. Além da contribuição de diferentes abordagens que levam em conta a cultura, o ambiente e a estrutura social, um conceito destacou-se, transformando radicalmente a noção de deficiência. Trata-se do conceito de Vida Independente. Inspirado nesse conceito, o Movimento de Vida Independente, foi o primeiro movimento de luta pelos direitos humanos, políticos, culturais, sociais e econômicos das pessoas com deficiência.

O conceito de Vida Independente surgiu no final dos anos sessenta, na Universidade de Berkeley, Califórnia, entre pessoas com deficiência, que redefiniram, com base na própria experiência, o que é ser independente. Para os pioneiros do movimento, independência é o controle que uma pessoa tem sobre a própria vida. É evidente que esse controle não é muscular... Dessa forma, ser independente é ser capaz de gerenciar a própria vida, mesmo que para executar uma ou outra tarefa seja necessário recorrer a uma outra pessoa, ou a um equipamento. Os músculos e a força física podem ser de um outro, mas as decisões, as escolhas e o comando da própria vida são prerrogativas restritas à pessoa.

A filosofia de Vida Independente é anterior ao chamado Modelo Social. De fato, a variedade de perspectivas e modelos que surgiram em oposição ao Modelo Médico, todas elas foram, em maior ou menor grau, influenciadas pela filosofia de Vida Independente.

O interesse pelo significado da deficiência, tendo como principal fonte de consulta as pessoas com deficiência, resulta num tipo de aproximação jamais estabelecido entre a teoria e a prática da vida cotidiana. Esse critério permite identificar as variações e influências culturais, ao mesmo tempo em que valoriza fundamentalmente a experiência pessoal, reconhecendo a legitimidade natural da pessoa com deficiência para tratar – sem nenhuma intermediação! – de qualquer assunto relacionado à sua condição. Reconhecer e respeitar essa legitimidade equivale a uma emancipação, um novo *status* que abre espaço para diálogos, práticas e interações inconcebíveis em épocas passadas, quando a independência e autonomia da pessoa com deficiência não eram reconhecidas.

A valorização da experiência tem demonstrado que há, no contexto da deficiência, uma dimensão subjetiva que, necessariamente, não corresponde à imagem ou aos padrões construídos socialmente, com a reconhecida participação da sociedade, da ciência e da religião. Dessa forma, a experiência surpreende ao revelar que a discriminação dói mais que um corpo lesado; que ser rotulado de incapaz ou inválido fecha as portas do mercado de trabalho, e essa falta de oportunidade dói mais que a própria deficiência. A experiência compartilhada também causa perplexidade, quando, a despeito das limitações e obstáculos, pessoas com deficiência conseguem viver a vida, produzir, ser felizes e contribuir, como qualquer pessoa, para a formação de uma sociedade inclusiva, solidária, mais justa e mais humana. Explicar tudo isso é um desafio, tanto para as pessoas em geral, como para aqueles que lidam com a deficiência no âmbito familiar, profissional ou vivencial. E mais uma vez, para explicar coisas simples, estamos todos sujeitos a evocar forças sobrenaturais, a mexer e remexer com paciência o corpo, ou a investigar as dobras da ordem social em busca de respostas mirabolantes para fenômenos corriqueiramente humanos.

OUTRAS NUANÇAS... A MESMA DIFERENÇA
CONSTRUINDO NOSSA IDENTIDADE

Encarar a própria deficiência como uma identidade é uma questão muito delicada. Em se tratando de uma pessoa com deficiência, não se "adota" uma identidade como se escolhe uma roupa. Há, sem dúvida, um longo processo, por vezes doloroso, envolvendo o assumir uma condição que, *a priori*, é indesejável. Para o senso comum, a deficiência é uma condição depreciativa. Dessa forma, percebo que há uma "identidade" atribuída e imposta pelo senso comum; uma identidade-alcunha, depreciativa, que faz referência a uma condição física não desejada. Lidar com essa identidade é muito delicado.

Quando os teóricos falam em uma determinada identidade produzida num certo contexto, não creio que estejam tratando dessa identidade-alcunha, produzida pejorativamente pelo senso comum e que designa uma deficiência. Ao se pensar em identidade como um conjunto de características que "identifica" alguém, os aspectos físicos desse alguém não podem ficar de fora do conjunto. Aqui, conforme entendemos, há uma discrepância entre a identidade da qual tratam os teóricos, e a identidade-alcunha, do cotidiano. O dono dessa identidade se constrange por possuí-la. Apesar de o sentido pejorativo ser imposto, as características que produzem a identidade-alcunha de fato existem, daí o constrangimento.

Entre as pessoas com deficiência fala-se em assumir a deficiência. De fato, "assumir" equivale a ter uma atitude autônoma em relação à deficiência. Essa tomada de consciência acerca da importância de "assumir" a deficiência equivale, na prática, ao que Stuart Hall propõe: a identidade como uma sutura.

Ao assumir a deficiência estamos simbolicamente consertando, cosendo algo de nós que se rasgou, que se fragmentou. Processar essa sutura é construir algo diferente com o que temos, formando um outro tecido que, embora novo, deixa visível uma marca identificatória.

Enquanto processamos a sutura somamos nossas impressões e sentimentos a um conjunto de elementos externos e alheios à nossa experiência. Selecionamos os elementos a nosso critério e com eles compomos a sutura, formando, assim, nossa identidade; uma identidade marcada pela diferença física ou funcional. Fazem parte dos elementos externos e alheios à deficiência tudo aquilo que o senso comum pensa, diz ou acredita; são características, usadas como adjetivos, que estão supostamente presentes na deficiência: pessoas deficientes são *"incapazes"*, *"ineficientes"*, *"inválidas"*, *"lentas"*, *"lerdas"*, *"doentes"*, *"tristes"*, *"revoltadas"*, *"assexuadas"*, *"introvertidas"*, *"dependentes"*, *"carentes"*, *"agressivas"* etc., etc., etc. Se dentre tais características não há o que escolher, há muito que questionar: Nós – e somente nós! – temos a experiência vivencial que falta ao senso comum e aos que contemplam a deficiência "de fora". Esta vivência funciona, num primeiro momento, como um "trunfo" importantíssimo quando estamos negociando uma "posição-de-sujeito"; e, num segundo momento, ela confere legitimidade à nossa atuação de sujeitos.

Escolhendo ou questionando, ao se construir uma identidade, estamos também "reciclando" o senso comum, apagando idéias e pressupostos preconceituosos associados à deficiência. A título de exemplo, a antiga idéia de que somos uma "força morta" para o mercado de trabalho já não vigora com a mesma influência observada há algumas décadas. Essa idéia tem sido sufocada pelo bom desempenho demonstrado por muitos daqueles que têm – e se dão – uma oportunidade de trabalhar. E os empregadores têm percebido que, se alguns não têm bom desempenho, ou fazem "corpo mole", isso efetivamente não é uma característica inerente à deficiência.

Quando li o referido trabalho de Hall (2000), de imediato associei o que o autor falava ao que ocorre conosco. Mesmo sem fazer referência específica à deficiência, ali estava uma teorização perfeitamente compatível com o que experimentamos na prática. Partindo dessa fundamentação, nossa identidade, marcada pela diferença física ou funcional, também possui as mesmas características das identidades na modernidade tardia: são identidades múltiplas e flexíveis, estratégicas e posicionais. Tais características são essenciais para nós, pessoas com deficiência, pois temos que lidar com diferentes papéis e demandas próprios da pessoa comum que somos, além das demandas específicas derivadas da nossa diferença funcional.

DIVERSIDADE FUNCIONAL: QUANTA DIFERENÇA!

Embora possuindo uma identidade, é pela diferença que somos marcados e identificados. É possível questionar nossa identidade, assim como suas bases teóricas, mas nossa diferença é inquestionável. Muito mais que a identidade, é a diferença que nos representa e é a partir dela que somos reconhecidos. Da mesma forma, as relações sociais estabelecidas com (e entre) pessoas com deficiência também são norteadas pela diferença, especialmente pelo impacto que ela causa ao ser vista. O olhar dirigido à deficiência, capta, de fato, a diferença.

O olhar do outro, descrito com freqüência na forma singular, é, de fato, um olhar plural, no ponto de vista de quem está sendo olhado. A cadeira de rodas – um ícone da deficiência – atrai olhares em qualquer circunstância ou ambiente. Estando na cadeira de rodas, é possível identificar, na prática, o que é discutido e teorizado sobre a diferença: ao mesmo tempo em que fascina, ela também incomoda, produzindo atração e repulsão; a partir da cadeira de rodas, percebem-se olhares que evitam e olhares que procuram, olhares indiferentes e olhares curiosos.

Da mesma forma que nossa diferença é facilmente percebida, os olhares dirigidos a ela, com todas as variações emocionais, também são percebidos por nós. Assim como certas diferenças podem ser "indiferentes" para uns, ao mesmo tempo em que "agride" outros, o mesmo fato ocorre com os olhares dirigidos à diferença. Há olhares indiferentes, olhares desconfiados, olhares medrosos, olhares invasivos, olhares esquivos, olhares devoradores e também olhares muito piedosos. Certamente que não consigo mencionar todos os olhares, quero apenas demonstrar que, ao mesmo tempo em que nossa diferença causa as mais diversas reações no observador, este, por sua vez, demonstra, pelo olhar, algo de suas emoções, sejam elas ternas, triviais ou hostis.

Tanto quanto a diferença, os olhares também podem incomodar. Se é difícil olhar certos corpos com deficiências severas, ou com grandes deformidades anatômicas, o que dizer dos olhares e das emoções percebidos por quem apresenta tais diferenças?

METÁFORAS E REALIDADE

Dissemos, no capítulo 4, que a deficiência, senão de fato, é metaforicamente uma monstruosidade. O olhar do outro, dirigido à nossa diferença, pode transformar, simbolicamente, essa metáfora em uma realidade particular. Entendo perfeitamente o quanto um olhar pode ser devastador para a auto-estima de uma pessoa com deficiência. Embora não me sinta um monstro, já me senti olhado como se o fosse; essa lembrança que agora me ocorre, ajuda-me a compreender as palavras de José Gil: "Os monstros, felizmente, existem não para nos mostrar o que não somos, mas para mostrar o que poderíamos ser" (Gil, 2000, p. 168).

Quando somos olhados, ou vistos como monstros, é como se ouvíssemos o pensamento do observador – que, provavelmente, inspirou José Gil – bradando exclamações do tipo: *"que bom que eu não nasci assim"*; ou, *"eu preferia morrer, a ser daquele jeito"*. E se o observador toma conhecimento de que um acidente de carro, em plena juventude, teve como conseqüência a condição física que me colocou nessa cadeira, o pensamento pode ser desesperador: *"Oh! isso também pode acontecer comigo!"*

É importante ressaltar que há uma reciprocidade nesse olhar. Para constatá-la, basta inverter o raciocínio de Gil e pensar no "normal" como um outro dialético. O "normal", esse nosso outro dialético, é também, ao menos metaforicamente, monstruoso aos nossos olhos. Esse processo dialético invertido ajuda-nos a compreender a auto-rejeição, comum em muitos pares. Vivemos numa cultura em que a normalidade é valorizada ao ponto de ter se tornado não uma, mas "a" referência. Além disso, estamos cercados de "normais"; e, em meio a tantos "monstros normais", é possível pensar, sentir e frustrar-se, reconhecendo que a formulação de Gil pode ser assim parafraseada: Os 'normais' infelizmente existem não para nos mostrar o que somos, mas para mostrar o que desejamos... e não podemos ser.

O outro dialético do diferente pode atrair pela forma física, pelo *status*, pela reconhecida condição de "normal" e por todos os desdobramentos e conquistas sociais que esta "boa" condição favorece. Da mesma forma, a relação com esse outro dialético também pode resultar em atração-repulsão, produzindo os já conhecidos guetos de pessoas com deficiência, ou mesmo produzindo um estratégico distanciamento entre pares. Tais aspectos da "subjetividade na diferença funcional" podem também justificar, ou, pelo menos, reforçar a busca frenética pelos procedimentos normalizadores, que prometem tornar real uma condição física idealizada.

A DIMENSÃO *HIGH-TECH* DA DIFERENÇA FUNCIONAL

Atualmente, duas grandes vertentes científicas têm aguçado as esperanças de milhões de pessoas com deficiência. São elas: a engenharia genética, com a manipulação de células-tronco, e a cibernética. As duas vertentes são independentes quanto à matéria-prima e ao tipo de intervenção, mas, em se tratando da clientela com deficiência, elas se entrecruzam nos conceitos e na finalidade, ambos voltados para a eliminação de desvios, a correção de disfunções e a promoção da normalidade. Ao que tudo indica, as deficiências, tal como são conhecidas hoje, serão eliminadas, ou drasticamente minimizadas; entretanto, não podemos ignorar os muitos ruídos que distorcem as atuais possibilidades. Com a ampla divulgação dessas pesquisas, algumas vezes feita sem o devido critério que o assunto requer, o público, que acalenta fantasias, esperanças e ideais, se apropria de "informações científicas" e constrói expectativas inatingíveis, especialmente associadas às milagrosas células-tronco, como se elas pudessem, em breve, regenerar tudo o que não funciona, de medula espinhal às malformações congênitas, podendo, "um dia", regenerar até mesmo membros amputados.

As pesquisas têm como alvo os aspectos funcionais. Com o aperfeiçoamento dos aspectos funcionais naturais, e com o desenvolvimento de equipamentos capazes de reproduzi-los artificialmente, a deficiência, como condição, poderá mudar sensivelmente suas feições. Em menores proporções, mudanças análogas já ocorreram no passado, com o surgimento da fisiatria, da fisioterapia e com o desenvolvimento de instrumentos como cadeiras de rodas, bengalas, muletas, entre outros equipamentos, inclusive para surdos e cegos; estas "próteses primitivas" foram revolucionárias no passado, proporcionando graus variados de independência às pessoas com diversidade funcional.

No entanto, mesmo com tais recursos facilitadores, há um contingente enorme de pessoas que não teve e ainda não tem acesso sequer ao mínimo; não se trata da perna que não aceita a prótese; ou do corpo que só pode estar na cama, na posição horizontal; trata-se da falta de "acessibilidade econômica", essa ponte indispensável que conecta as limitações físicas aos recursos facilitadores – uma conexão que nunca ocorrerá enquanto a questão crucial for a pobreza, e não a deficiência.

Diante das atuais possibilidades de eliminação da deficiência, de imediato, teríamos dois grupos, separados pela elegibilidade ao tratamento. Em se tratando da terapia com células-tronco aplicada, por exemplo, à lesão medular, acredita-se que haverá uma resposta mais satisfatória nas lesões agudas (ou mais recentes); nos indivíduos com lesões crônicas (ou que ocorreram há muito tempo), a resposta, se houver, será bem menos satisfatória. Mesmo que lesados crônicos e agudos tenham as mesmas oportunidades de acesso ao tratamento, ainda assim teríamos dois subgrupos dentro da categoria lesão medular. Os inelegíveis serão duplamente "inválidos", pois terão conhecido a "cura", mas não poderão experimentá-la. Dessa forma, a questão funcional de uns será resolvida, ao passo em que a de outros permanecerá a mesma, porém acrescida de novas angústias e frustrações, como se a lesão estivesse ocorrendo uma segunda vez. E a história nos ensina que enredos semelhantes já produziram discriminação, preconceito e segregação social.

É curioso pensar que uma outra realidade física – de pé e fora da cadeira de rodas – poderia roubar, pelo menos temporariamente, minha tão preciosa independência. Minha mente há muito já se habituou a direcionar minhas atividades e reações psicomotoras para os membros superiores e tronco. Se for preciso parar bruscamente o carro, meu braço e mão esquerda são instantaneamente acionados, ao invés da perna direita, usada para acionar o freio antes da paraplegia. Em outras palavras, eliminar uma diferença funcional me parece tão desafiador quanto o é adaptar-se a ela e conquistar alguma independência, apesar dela. A readaptação poderá requerer uma reabilitação às avessas, pois, se a normalidade, mais que uma especificidade física, é um ideal, logo, uma grande clientela seria encaminhada da terapia com células-tronco para uma espécie de (re)adestramento psicomotor.

As pesquisas estão construindo um futuro livre de antigas deficiências. Ao lado – talvez acima... – de um sofisticado trabalho de pesquisa, está um sonho científico. A combinação de trabalho e sonho é promissora, é produtiva, mas é também poética, lírica. Eu não arriscaria a estabelecer limites para as pesquisas científicas, mas também não esconderia a preocupação com seus efeitos colaterais, produzindo – ainda que involuntariamente – novas diferenças, ou novas formas de discriminação, como mostram alguns filmes de ficção científica.

O filme *Gattaca – a experiência genética,* de Andrew Niccol (1997), aborda as conseqüências do uso da engenharia genética, criando uma hierarquia social baseada no perfil genético das pessoas. *Gattaca* mostra uma sociedade composta por duas categorias de indivíduos: os válidos, nascidos a partir da manipulação genética; e os inválidos, nascidos a partir da concepção natural. Os válidos são considerados geneticamente superiores, têm as melhores oportunidades, melhor saúde e os melhores empregos; os inválidos são discriminados pelos constantes testes de substância que verificam periodicamente o currículo genético das pessoas, buscando detectar e denunciar uma possível condição inferior. Na sociedade retratada em *Gattaca,* a "boa" identidade genética é tão preciosa quanto o é a condição "normal" em nossa vida cotidiana. De forma análoga à realidade, no filme, a discriminação genética, apesar de ilegal, é freqüente e ostensiva.

Além da genética, a cibernética também está empenhada em eliminação de limitações: algumas, próprias da condição humana; outras, inventadas para justificar a deficiência. O avanço da cibernética também pode produzir, ou melhor, pode transformar humanos comuns, ou "normais", em humanos "neodeficientes", já que as características e potencialidades humanas "naturais" estão sendo aperfeiçoadas. Sem um *upgrade*, os "normais" de hoje em breve estarão defasados em relação às próteses de alta tecnologia, cujo desempenho é superior ao dos "normais".

De certa forma, as pesquisas em cibernética estão mais avançadas, dada a maior liberdade que estes cientistas têm em comparação aos geneticistas. Até aqui, apenas a manipulação de células-tronco tem sido questionada pelos religiosos, ao passo que a manipulação do silício, apesar de estar alterando o conceito ortodoxo de organismo, tem sido ignorada por eles.

É curioso observar, de um lado, o movimento contrário à manipulação de células tronco, e do outro, os cientistas da cibernética, que nunca foram questionados com base em qualquer estatuto do corpo ou da vida, que pretendesse, por exemplo, "negar", ou, pelo menos, questionar a condição humana de pessoas como Cameron Clapp (citado no capítulo 4), cujo corpo é um híbrido de organismo e máquina.

Genética e cibernética, juntas ou em separado, podem promover uma verdadeira revolução no campo das deficiências. Isto é tão excitante quanto assustador. A exemplo do filme Gattaca, novos "inválidos" poderão surgir na esteira desse "progresso". Todavia, creio que merece atenção, não apenas as possíveis novas formas de deficiência, ou de discriminação e preconceito, mas também a manutenção de nossa autonomia e nossa liberdade de escolha. Cada vez que a mídia mostra uma pesquisa, uma cirurgia, um tratamento promissor, somos abordados por amigos – e até por estranhos! – que, bem intencionados, lembram-nos que "a cura está a caminho". Creio que haverá uma verdadeira pressão social, familiar, médica e até pessoal, no sentido de ter que dizer "sim" a uma terapêutica vanguardista – na verdade, apenas outra "intervenção normalizadora" –, como se os resultados prometidos fossem o que há de melhor para todos. Isto me lembra o "bom ajustamento", sugerido por Goffman (1988, pg. 134): "um bom ajustamento para o indivíduo é ainda melhor para a sociedade". Parafraseando... a normalização que é boa para o indivíduo, parece ser ainda melhor para a sociedade.

Nós, pessoas com diversidade funcional, chegamos a essa condição de forma totalmente involuntária, não planejada, *acidentalmente* – como é o meu caso. No modelo de sociedade em que vivemos e convivemos, a diferença funcional traz consigo perdas que são dimensionadas individualmente; mas, independentemente desse dimensionamento pessoal, todos perdem alguma coisa quando se tornam "diferentes". As perdas representam a faceta mais dura e mais conhecida da diferença funcional, tão conhecida que pode inibir, ou ocultar, a faceta mais humana, qual seja a de que a diferença também acrescenta algo à nossa existência, o que também é dimensionado individualmente. É dessa forma que a diferença funcional de cada um de nós torna-se um patrimônio existencial, emocional, uma história que jamais poderia ser vivida ou descrita com indiferença. Diante da possibilidade de reescrever uma história pessoal tão marcante, entendo ser fundamental uma reflexão crítica prévia, uma análise criteriosa, que possa, fundamentalmente, honrar nossa autonomia e sustentar uma escolha, de fato, personalizada e livre.

BIBLIOGRAFIA

_____. *Bíblia de Jerusalém*. São Paulo: Edições Paulinas, 1985.

ALVES, R. *Concertos para corpo e alma*. 11ª edição. São Paulo: Papirus, 2003

AMARAL, L. A. *Pensar a diferença / deficiência*. Brasilía: CORDE, 1994

AMIRALIAN, M. L. T., PINTO, E. B., GHIRARDI, M. I. G. *et al*. (2000). Conceituando deficiência. *Rev. Saúde Pública*. [online]. fev. 2000, vol. 34, no.1 [citado 07 de Março de 2004], p.97-103. Disponível na http://www.scielo.br/scielo.php?script=sci_arttext&pid=S0034-89102000000100017&lng=pt&nrm=iso>. ISSN 0034-8910.

ARISTÓTELES. *Política*. São Paulo: Editora Martin Claret, 2003.

BAUMAN, Z. *Identidade*. Rio de Janeiro: Jorge Zahar Editor, 2005.

BARBOTTE, E., GUILLEMIN, F., CHAU, N. *et al*. Prevalence of impairments, disabilities, handicaps and quality of life in the general population: a review of recent literature. *Bull World Health Organ* vol.79 no.11, 2001.

BERGER, P. L. & LUCKMANN, T. *A construção social da realidade*. Petrópolis: Vozes, 2004

BIANCHETTI, L. Aspectos históricos da apreensão e da educação dos considerados deficientes. In: BIANCHETTI, L & FREIRE, I. M. (orgs) (1998). *Um olhar sobre a diferença*. Campinas: Papirus, 1998.

BIELER, R. B. (Org.). *Ética e legislação: Os direitos das pessoas portadoras de deficiência no Brasil*. Rio de Janeiro: Rotary Club, 1990.

BIELER, R. B. *Mídia e Deficiência: Manual de Estilo*. Brasília: CORDE, 1992

BRETON, P. *História da Informática*. São Paulo: Editora Unesp, 1991.

BRIGHT, J. *História de Israel*. São Paulo: Edições Paulinas, 1980.

CAIRNS, E. E. *O cristianismo através dos séculos: uma história da igreja cristã*. São Paulo: Edições Vida Nova, 1988.

CANGUILHEM, G. *O normal e o patológico*. Rio de Janeiro: Forense, 1978.

CAPONI, S. (2000). *Da compaixão à solidariedade – uma genealogia da assistência médica*. Rio de Janeiro: Fiocruz, 2000.

CAPRARA, A. (2003) Uma abordagem hermenêutica da relação saúde-doença. *Cad. Saúde Pública*. [online]. jul./ago. 2003, vol.19, no.4 [citado 22 de Março de 2004], p.923-931. Disponível na World Wide Web: <http://www.scielo.br/scielo.php?script=sci_arttext&pid=S0102-311X2003000400015&lng=pt&nrm=iso>. ISSN 0102-311X.

CAPRARA, A. e FRANCO, A. L. e S. (1999). A Relação paciente-médico: para uma humanização da prática médica. *Cad. Saúde Pública*. [online]. jul./set. 1999, vol.15, no.3 [citado 06 Abril 2004], p.647-654. Disponível na World Wide Web: <http://www.scielo.br/scielo.php?script=sci_arttext&pid=S0102-311X1999000300023&lng=pt&nrm=iso>. ISSN 0102-311X.

CARDOSO, M. H. C. de A. (2003). Uma produção de significados sobre a síndrome de Down. *Cad. Saúde Pública*. [online]. jan./fev. 2003, vol.19, no.1 [citado 22 Março 2004], p.101-109. Disponível na World Wide Web: <http://www.scielo.br/scielo.php?script=sci_arttext&pid=S0102-311X2003000100011&lng=pt&nrm=iso>. ISSN 0102-311X.

CARTER, J. M. e MARKHAN, N. (2001) Disability discrimination: The UK's act requires health services to remove barriers to access and participation. *BMJ* 2001;323:178-179 (28 July).

CASTIEL, L. D. *O buraco e o avestruz: a singularidade do adoecer humano*. São Paulo: Papirus, 1994.

BIBLIOGRAFIA 165

CASTIEL, L. D. *A medida do possível... saúde, risco e tecnobiociência.* Rio de Janeiro: Editora Fiocruz, 1999

CAVALCANTE, F. Família, subjetividade e linguagem: gramáticas da criança "anormal". *Ciênc. saúde coletiva,* 2001, vol.6, no.1, p.125-137. ISSN 1413-8123.

CAVALCANTE, F. G. *Pessoas muito especiais: a construção social do portador de deficiência e reinvenção da família.* Tese apresentada com vistas à obtenção do Título de Doutor. Rio de Janeiro: Escola Nacional de Saúde Pública – Fiocruz, 2002.

COHEN, J. J. A cultura dos monstros: sete teses. In: SILVA, T. T. (org). *Pedagogia dos monstros: os prazeres e os perigos da confusão de fronteiras.* Belo Horizonte: Autêntica, 2000.

CLAPTON, J. e FITZGERALD, J. The History of Disability: A History of 'Otherness'. *New Renaissance magazine* Vol.7 No.1, 2002 [http://www.ru.org/artother.html]

Conferência Episcopal Portuguesa. *As pessoas com deficiência – cidadãos de pleno direito.* (Nota Pastoral) Assembléia Plenária da Conferência Episcopal Portuguesa, 05-08 de maio de 2003. Disponível em: [http://www.ecclesia.pt/cep/assembleia_plenaria/2003/maio/deficiente.html]

CREASY, R. (1999). Sociological Theory and Disability. *[http://www.socialissues.co.uk/articles/article12.html]*

CULLIFORD, L. (2002). Spirituality and clinical care. *BMJ* 2002;325:1434-1435 (21 December 2002) [http://bmj.bmjjournals.com/cgi/content/full/325/7378/1434?maxtoshow=&HITS=10&hits=10&RESULTFORMAT =1&f ulltext=religious+disability&searchid=1068385869424_2529&stored_search=& FIRSTINDEX=10&sortspec=relevance&resourcetype=1,2,3,4,10]

DINIZ, D. (1996). Dilemas éticos da vida humana: a trajetória hospitalar de crianças portadoras de paralisia cerebral grave. *Cad. Saúde Pública.* [online]. jul./set. 1996, vol.12, no.3 [citado 22 Março 2004], p.345-355. Disponível na World Wide Web: <http://www.scielo.br/scielo.php?script=sci_arttext& pid=S0102-311X1996000300008&lng=pt&nrm=iso>. ISSN 0102-311X.

166 ANATOMIA DA DIFERENÇA

DOUGLAS, M. *Pureza e perigo*. São Paulo: Perspectiva, 1976.

ELIAS, N. e SCOTSON, J. L. *Os estabelecidos e os outsiders: sociologia das relações de poder a partir de uma pequena comunidade*. Rio de Janeiro: Jorge Zahar, 2000.

FERREIRA, A. B. de H. *Novo Aurélio Século XXI*. Rio de Janeiro: Nova Fronteira, 1999.

FINKELSTEIN, V. 1990. "We" are not disabled, "you" are. In S. Gregory & G. Hartley (eds). *Constructing Deafness*. Pinter, London/The Open University, Milton Keynes. [http://www.leeds.ac.uk/disability-studies/archiveuk/finkelstein/Commonality%20of%20Disability.pdf]

FOHRER, G. *História da religião de Israel*. São Paulo: Edições Paulinas, 1982

GIDDENS, A. *As conseqüências da modernidade*. São Paulo: Editora da Unesp, 1991.

GIDDENS, A. *Modernidade e identidade*. Rio de Janeiro: Jorge Zahar, 2002.

GIL, J. Metafenomenologia da monstruosidade: o devir-monstro. In SILVA, T. T. (org) (2000). *Pedagogia dos monstros: os prazeres e os perigos da confusão de fronteiras*. Belo Horizonte: Autêntica, 2000.

GOFFMAN, E. *Estigma – Notas da manipulação da identidade deteriorada*. 4ª edição. Rio de Janeiro: LTC Editora, 1988.

GRAY, C. H., MENTOR, S., and FIGUEROA-SARRIERA, H. J. (1995). "Cyborgology: Constructing the Knowledge of Cybernetic Organisms". In: *The Cyborg Handbook*. New York e Londres: Routledge. APUD: Silva, 2000-D, p. 14.

HALL, S. *Identidades culturais na pós-modernidade*. Rio de Janeiro: DP&A, 1997.

HALL, S. (2000). Quem precisa da identidade? In: SILVA, T. T. (org). *Identidade e diferença – A perspectiva dos estudos culturais*. Petrópolis: Editora Vozes, (2000-A).

BIBLIOGRAFIA

167

HARAWAY, J. D. (2000). Manifesto do ciborgue: ciência, tecnologia e feminismo-socialista no final do século XX. In: SILVA, T. T. (org). *Antropologia do ciborgue – as vertigens do pós-humano*. Belo Horizonte: Autêntica, 2000-C.

KIRK, S. A. e GALLAGHER, J. J. *Educação da Criança Excepcional*. São Paulo: Martins Fontes, 1987.

KILPP, N. Deficientes físicos no Antigo Testamento. *Revista Estudos Bíblicos*, No. 27. Petrópolis: Editora Vozes, 1990.

KOCH, T. (2001). Disability and difference: balancing social and physical constructions. *J Med Ethics* 2001; 27:370-376. http://jme.bmjjournals.com/cgi/content/full/27/6/370

KOVÁCKS, M. J. Deficiência adquirida e qualidade de vida - possibilidades de intervenção psicológica. In: BECKER, E. (Org.) *Deficiência: alternativas de intervenção*. São Paulo: Casa do Psicólogo, 1997.

KUNZRU, H. (2000-A). "Você é um ciborgue": um encontro com Donna Haraway. In: SILVA, T. T. (org) (2000-C). *Antropologia do ciborgue – as vertigens do pós-humano*. Belo Horizonte: Autêntica, 2000-C.

KUNZRU, H. (2000-B). Genealogia do ciborgue. In: SILVA, T. T. (org) *Antropologia do ciborgue – as vertigens do pós-humano*. Belo Horizonte: Autêntica, 2000-C.

LAPLANCHE, J. e PONTALIS, J-B. *Vocabulário da psicanálise*. 10ª edição. São Paulo: Martins Fontes, 1988.

LINS, D. (org). *Cultura e subjetividade: saberes nômades*. Campinas: Papirus, 1997.

MANTOAN, M. T. E. *Compreendendo a deficiência mental*. São Paulo: Scipione, 1989.

MARQUES, C. A. M. (2001). A construção do anormal: uma estragégia de poder. *Núcleo de Educação Especial – NESP*. [citado 21 de Abril de 2001]. Disponível em: http://www.nesp.ufjf.br/texto004.htm

MING, L. Vida sobre próteses. *VEJA*, edição 1930 - ano 38 – n° 45 (9 de novembro de 2005).

MONTANARI, P. M. (1999). Jovens e deficiência: comportamento e corpos desviantes. *Cadernos, juventude saúde e desenvolvimento*, v.1. Brasília, DF, agosto, 1999. 303p. http://www.adolec.br/bvs/adolec/P/cadernos/capitulo/cap11/cap11.htm [04/09/04]

OLIVER, M. (1998).Theories of disability in health practice and research. *BMJ* 1998;317:1446-1449 (21 November). http://bmj.com/cgi/content/full/317/7170/1446

PALÁCIOS, A. e ROMAÑACH, J. *El modelo de la diversidad: La Bioética y los Derechos Humanos como herramientas para alcanzar la plena dignidad en la diversidad funcional*. Espanha: Ediciones Diversitas- AIES, 2006.

PECCI, João Carlos. *Minha profissão é andar*. 22a edição. São Paulo: Summus, 1980

PESSOTI, I. *Deficiência mental: da superstição à ciência*. São Paulo: EDUSP, 1984.

RIBAS, J. B. C. *O que são pessoas deficientes*. São Paulo: Brasiliense, 1983.

ROSS, P. R. Educação e trabalho: A conquista da diversidade ante as políticas neoliberais. In: BIANCHETTI, L & FREIRE, I. M. (orgs) (1998). *Um olhar sobre a diferença*. Campinas: Papirus, 1998.

SACKS, O. *O homem que confundiu sua mulher com um chapéu*. São Paulo: Companhia das Letras, 1997.

_____. *Com uma perna só*. São Paulo: Companhia das Letras, 2003.

SAETA, B. R. P. O contexto social e a deficiência. *Psicologia: teoria e prática*, 1999, 1(1): 51-55.

SASSAKI, R. K. Terminologia sobre deficiência na era da inclusão. *Revista Nacional de Reabilitação*. Ano V - n° 25. Março/2002.

BIBLIOGRAFIA   169

_____. *Inclusão: construindo uma sociedade para todos*. Rio de Janeiro: WVA, 2006.

SCHENEIDER, D. "Alunos Excepcionais": um estudo de caso de desvio. In: VELHO, G. (Org) (2004). *Desvio e divergência: Uma crítica da patologia social*. 8ª ed. Rio de Janeiro: Jorge Zahar, 2004.

SCHWARTZMAN, J. S. Histórico. In J. S. Schwartzman (Org.), *síndrome de Down* (pp. 3-15). São Paulo: Mackenzie, 1999.

SCLIAR, M. J. Da Bíblia à psicanálise: saúde, doença e medicina na cultura judaica. Tese apresentada com vistas à obtenção do Título de Doutor. Escola Nacional de Saúde Pública-Fiocruz, 1999.

SILVA, T. T. (org). *Identidade e diferença – A perspectiva dos estudos culturais*. Petrópolis: Vozes, 2000-A.

_____. A produção social da identidade e da diferença. In: SILVA, T. T. (org) (2000-A). *Identidade e diferença – a perspectiva dos estudos culturais*. Petrópolis: Vozes, 2000-B.

_____. (org). *Antropologia do ciborgue – as vertigens do pós-humano*. Belo Horizonte: Autêntica, 2000-C.

_____. Nós, ciborgues: o corpo elétrico e a dissolução do humano. In: SILVA, T. T. (org) (2000-C). *Antropologia do ciborgue – As vertigens do pós-humano*. Belo Horizonte: Autêntica, 2000-D.

SILVA, L. D. (2003). Corpo e deficiência. *PAR'A'IWA* Número 3- João Pessoa - Março de 2003 ISSN 1518-9015 [http://www.cchla.ufpb.br/paraiwa/03-dantasdasilva.html]

SILVA, N.L.P. e DESSEN, M.A. Deficiência mental e família: implicações para o desenvolvimento da criança. *Psicologia: teoria e pesquisa*. vol.17 no.2 Brasília May/Aug. 2001.

TELFORD, C. W. e SAWREY, J. M. *O indivíduo excepcional*. Rio de Janeiro: Guanabara, 1977.

TOMASINI, M. E. A. Expatriação social e a segregação institucional da diferença: reflexões. In: BIANCHETTI, L & FREIRE, I. M. (orgs.) (1998). *Um olhar sobre a diferença*. Campinas: Papirus, 1998.

TOURAINE, A. *Igualdade e diversidade: o sujeito democrático*. São Paulo: EDUSC, 1998.

UNITED NATIONS. Official Records – Thiertieth Session. Supplement 34 (A/10034). 16-17 december 1975.

VELHO, G. (Org). *Desvio e divergência: uma crítica da patologia social*. 8ª ed. Rio de Janeiro: Jorge Zahar, 2004.

WOODWARD, K. (2000). Identidade e diferença: Uma introdução teórica e conceitual. In: SILVA, T. T. (org). *Identidade e diferença – a perspectiva dos estudos culturais*. Petrópolis: Vozes, 2000-A.